蒙古民族文物图典

蒙古民族鞍马文化
蒙古民族服饰文化
蒙古民族毡庐文化
蒙古民族饮食文化
蒙古民族游乐文化
蒙古民族宗教文化

蒙古民族游乐文化

郑宏奎　国　庆　陈丽琴　编著

文物出版社

主编助理：张 彤
绘图指导：贾一凡

摄影：

孔 群　鄂 博　阿 音　庞 雷　张 彤　苏婷玲　铁 达　冯雪琴
刘洪元　王景远　杨 勇　吴运生　塔 娜　王瑞青　青格勒　德力格尔
苏勒雅图　敖云其其格

绘图：

纪 烁　陈丽琴　陈拴平　陈广志　陈晓琴　武 鱼　阎 萍　王利利
徐亭明　刘利军　钟利国　包灵利　田金芳　杨 慧　高 娜　张利芳
袁丽敏　任波文　苏雪峰　张世喻　田海军　郝水菊　范福东　郭 宝
郭金威　王喜青　娜日丽嘎　　王明月　史瑾莎　李 瑞　郝振男

责任印制　王少华
责任编辑　张广然

图书在版编目（CIP）数据

蒙古民族游乐文化／郑宏奎，国庆，陈丽琴编著. —北京：文物出版社，2008.3
（蒙古民族文物图典）
ISBN 978-7-5010-2211-3

Ⅰ.蒙… Ⅱ.①郑… ②国… ③陈… Ⅲ.蒙古族－文娱活动－简介－内蒙古
Ⅳ.G249.272.6

中国版本图书馆 CIP 数据核字（2007）第 205781 号

蒙古民族游乐文化

郑宏奎　国 庆　陈丽琴 编著
文物出版社出版发行
（北京市东直门内北小街 2 号楼）
http://www.wenwu.com
E-mail:web@wenwu.com
北京文博利奥印刷有限公司制版
文物出版社印刷厂印刷
新华书店经销
889×1194　1/16　印张：20
2008 年 3 月第 1 版　2008 年 3 月第 1 次印刷
ISBN 978-7-5010-2211-3　定价：230.00 元

序言

　　中国北方草原,雄浑辽阔。曾经在这里和目前仍在这里生活的草原游牧民族,剽悍、勇敢、智慧,对中华文化的发展,乃至对中华民族的形成和发展,作出了极其重要的贡献。在中国域内恐怕难以找到一块没有受到北方草原游牧民族影响过的地方。不仅如此,北方草原游牧民族,对世界历史发展的影响,也令人瞩目。这其中,影响最大的当属至今仍生息在这块草原上的蒙古民族。

　　蒙古民族从成吉思汗统一北方草原诸部落起,至今已有800多年历史,在继承古代草原游牧文化的基础上,以广阔的胸怀大量吸收欧亚诸民族文化,把草原游牧文化推向历史的辉煌顶峰,创造了适应于草原自然环境,深刻反映在政治、军事、生产、生活、娱乐等各领域中的独具特色的文化形态,即我们所珍视的草原游牧文化。草原游牧文化,是中华民族文化百花园中的奇葩,也是世界文化宝库中难得的珍宝。

　　毋庸讳言,随着现代工业及交通、通信和计算机网络等现代经济和科学技术的发展,草原游牧生产方式正在迅速消失,其传统的文化形态也正在被新的文化形态所代替,这是不可逆转的趋势。因此,草原游牧文化正在成为或部分已经成为文化遗产了。正因为如此,它的价值也更加凸显出来。

　　世界上每一个国家的民族文化,都是在其特定的自然环境和长期的生产生活中形成和发展起来的。每一个民族的文化,都是其民族的灵魂和血脉,是维系其民族存在的精神纽带,是其区别于其他民族并自立于世界民族之林

内蒙古自治区党委常委、宣传部长

的标志。所以，现在世界各个国家都在努力保护本国的民族文化。在我国北方草原游牧文化正在发生嬗变之时，这套《蒙古民族文物图典》的出版，无疑有着极高的价值。世界上蒙古族人口有900余万，600余万在中国。其中在内蒙古生活的蒙古族有400余万人。而到目前，对蒙古族的鞍马、服饰、毡庐、饮食、游乐、宗教等民族文物，比较系统地用测绘描图等科学方法研究记录并出版，在世界上尚属首次。这是对蒙古族文物的一项成功的抢救保护措施。这套图典中收录的民族文物，在蒙古族各部落的文物中具有典型性、标志性。它继承了我们优秀的民族文化，承载着愈来愈加珍贵的众多信息，在未来我们生产、生活和文化艺术活动中对蒙古族优秀传统文化的传承，可能会起着像"字典"、"辞典"一样的作用。

这套图典对蒙古民族文化的研究和保护，采用了一种新的视角和方法，对今后的研究工作可能会有引导和借鉴作用。所以，当策划开展此项研究时，我就是一位热心的支持者。认为这项研究及图典的编纂出版，对我国巩固民族团结和祖国统一，对我们未来的文化发展，都有着积极意义。《蒙古民族文物图典》的出版，充分体现了我们党和政府对保护民族文化遗产的高度重视，也反映了内蒙古自治区文物工作者对研究和保护民族文化遗产的奋斗精神。在图典出版之际，我谨向从事这项研究的同志们所取得的成果表示祝贺，也祝愿图典为祖国文化遗产的保护和传承发挥应有的作用。

目录

壹　男儿三技 ·*15*

　　蒙古式摔跤，蒙古语全称"博克摆目拉都呼"。在草原上，从四五岁的孩童到六七十岁的老人，几乎个个都是摔跤好手。草原上的人们在娶妻生子和喜庆节日之际都要举行一场摔跤比赛。

贰　棋牌游戏 ·*143*

　　蒙古象棋，蒙古语称 "沙塔尔"，是一个具有悠久历史的娱乐项目。相传蒙古象棋源于古波斯，13世纪成吉思汗西征时传入蒙古草原。蒙古语"沙塔尔"即为波斯语"什特拉兹"的音译。受草原文化影响，蒙古象棋的形制与传入之初相比有了明显变化，如把象刻成骆驼，兵刻成动物或人形。

民间乐器 ·*207*

清代宫廷使用的龙笛多为木制。管身向下凹，两端雕有向上弯曲的龙头和龙尾。民间使用的龙笛，不雕龙头、龙尾。满族于管下端系红丝结，蒙古族于管上端结红丝结。内蒙古牧区多用不加笛膜的七孔笛，农区、半农半牧区用十孔笛。可用于伴奏、合奏和独奏。龙笛是东北和内蒙古自治区二人转、二人台的主要伴奏乐器。

 日常生活游戏 ·*269*

掷嘎拉哈是蒙古族日常生活中较常见的游戏之一。嘎拉哈亦称沙，指用绵羊、山羊、牛、黄羊、盘羊等家畜和野生动物的髌骨制成的玩具。在蒙古草原上广为流传，有许多种玩法。

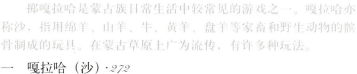

后记

刘兆和

概述

古老的蒙古高原地处亚洲中部腹地，四面大体环山。雨水较少，属于典型的干燥大陆。高原上夏短冬长，即使是夏天，一天里温差变化也相当悬殊。千百年来，生活在这片土地上的蒙古族人民过着逐水草而居的生活，一群牛羊和载着家当的勒勒车，是他们游牧生活的真实写照。恶劣的自然环境、居无定所和以畜牧为主的生活方式、崇拜"长生天"的宗教信仰，使得蒙古族人民的娱乐文化充满了浓郁的民族特色。

一、那达慕

那达慕系蒙古语，意为"游艺"或"娱乐"。原指蒙古族历史久远的"男儿三竞技"，即摔跤、赛马、射箭的表演和比赛。过去曾称为"丰庆的那达慕"、"好汉三项武艺"等。

原始社会初期，生活在蒙古高原的古人类靠狩猎生存，在阴山岩画中有许多描绘狩猎的场景。在狩猎前和狩猎时，都要进行祈祷和祭祀。祈祷祭祀的方式有许多种，有的直接举行祈祷仪式，有的通过个体或群体舞蹈表现。从阴山岩画的狩猎图上可以看到人们常常以舞蹈、赛马、射箭、摔跤的形式来取悦天地山河之神，渴望获得更多的猎物。猎人出征前和狩猎期间，模仿野兽与人的斗争，同其他人进行竞技比赛并战胜对方，认为这样会对狩猎活动产生积极的影响，可以帮助猎人征服野兽。古代的男儿三竞技活动保留着萨满教祭祀祈福的含义，在可汗登基、祭祀军旗、誓师出征、凯旋归来等重大仪式上都要举行三竞技活动。1225年成吉思汗征服花剌子模胜利归来举行的盛大那达慕上，成吉思汗的胞弟哈萨尔之子也松格远射335度（成人两臂平伸时两手之间的距离，约合五尺）。成吉思汗为纪念征战胜利和也松格前所未有的射程，在花岗岩上撰文立碑，史称"成吉思汗碑"（此碑现存于俄罗斯圣彼得堡博物馆）。1260年，为庆祝元世祖忽必烈登基，在开平（今内蒙古正蓝旗境内）举行了盛大的那达慕，有1000多名摔跤手、300多匹快马和1000名弓箭手参加了比赛。

古代那达慕不仅是男子的比赛项目，身强力壮的妇女也可以参加。当时战争的需要促使妇女锻炼身体，提高搏斗技能。妇女随军边放牧边前进。当前军战败后退时，随军妇女们也英勇参战，与敌人们拼命搏斗是常有的事。因此，妇女们在放牧生活的空闲时经常进行那达慕训练，以锻炼

蒙古式摔跤

自己的力量和技巧。《马可·波罗游记》169章《海都女之勇力》中说："国王海都是忽必烈罕的侄子,海都有一女……此女甚美,甚强勇,其父数欲为之择配,女辄不允,尝言有人能在角力中能胜我者则嫁之,否则,永不适人,其父许之,听其则嫁所欲所喜之人(其俗如此)。……有一贵胄,乃一强国王之子,勇侠而甚健,闻此女角抵事欲与其角力……于是,王子携千马毅然莅此国中……二人即至角场,相抱互扑,各欲扑角力者于地,然久持而胜负不决,最后女扑王子于地……其父远征辄携女与俱,盖扈骑尉中使用兵器者无及其女者也。有时女自父军中出突敌阵,手擒一敌人归献其父,其易如鹰之捕鸟;每战所为辄如是也。"

元朝成立后,国内出现了安定局面,那达慕的娱乐成分愈来愈浓。《元史》记载,延祐六年(1319年)六月戊申,仁宗爱育黎拔力八达专门设立角抵部,统一管理全国的摔跤事务。延祐七年(1320年)六月庚申,英宗硕德八剌曾一次赏赐120名摔跤手每人钞千贯。

元代蒙古族熟练地掌握了弓箭制作技术。《元史·布智儿列传》记载了千户布智儿的弓箭制作方法。当时蒙古人除了制作鸣镝、火箭等多种军用弓箭外,还制作狩猎和比赛的专用弓箭。

明代,蒙古统治者退居故土,那达慕有了进一步发展。萧大亨《北虏风俗》记载:"……胡儿五六岁时,即教之乘马,其鞍以木为之,前后左右皆高五六寸,置儿于中,虽马逸,亦无倾跳之患也。稍长则教之攀鞍超乘,弯弧鸣镝,又教之上马则追狐逐兔,下马则控拳擎张,少而习焉,长而精焉,不见异物而迁焉,无非比勇角力之事也。又稍长,则以射猎为业,晨而出,晚而

赛马

归，所获禽兽，夫既食其肉，而寝处其皮矣，且射骑于此益精也，及至勇力出众，众甚重之……"每当蒙古人在征战、大型狩猎和举行男儿三技比赛之后，都要大奖士兵，"功轻者升为把都·打儿汗，功重者升为威静·打儿汗，再重者升为骨打·打儿汗，最为首功者则升至为威·打儿汗。"

　　清代，那达慕一度被禁止。但后来由于军事上的需要，清统治者允许蒙古地区重新开展那达慕活动，以便战时调遣蒙古骑兵。不久，清廷又设立专门管理这三项活动的机构。蒙古王公贵族和活佛、胡图克图喇嘛等上层人士，也组织起了各自的摔跤手、骑手和弓箭手。出现了"善扑人"为职业的专职运动员，这是清代那达慕发展的重要标志。据金梁《满文密档·太宗赏三力士》载："（天聪六年正月）阿鲁部之特木德黑力士与土尔班克库克特之杜尔麻，于会兵处角力，杜尔麻胜，特木德黑负；们都与杜尔麻角力，们都胜，杜尔麻负。令们都、杜尔麻、特木德黑跪于上前，听候命令，赐们都'阿尔萨兰·土射图·布库'名号（'狮子'称号），并赏豹皮长袄一；赐杜尔麻'扎·布库'名号（'大象'称号），并赏虎皮长袄一；赐特木德黑'巴尔·巴布鲁·布库'名号（'虎'称号），并赏虎皮长袄一。"这里所赐荣誉称号与今天内蒙古自治区摔跤手的荣誉称号是一致的。

那达慕盛会

摔跤

赛马

射箭

　　蒙古男子三技在清代以前主要用于军事上的"教战"或"战阵"，娱乐的成分少一些。入清以后，尤其乾隆之后，"战阵"的成分逐渐减少，娱乐的成分逐渐增多。那达慕的规模、形式和内容都有进一步的发展，增加了歌舞、下棋等项目。1771年，渥巴锡汗率土尔扈特蒙古部落历时八个月从伏尔加河流域归来，受到乾隆皇帝的热烈欢迎，在热河避暑山庄举行了欢迎大会。国内各民族首领、蒙古各盟各旗的王公、札萨克云集，规模空前。这次盛会举行了摔跤、赛马、射箭和围猎活动，乾隆皇帝亲自参加并厚赏了部众。

　　那达慕也是清朝的"朝会"、"木兰行围"的重要内容。清朝每年八月木兰行围的时候，皇帝统领宗室亲王、内阁六部、王公贵族及八旗大兵，浩浩荡荡奔赴木兰围场（蒙古王公所献狩猎区，今属河北围场县）围猎。围猎完毕，举行隆重的那达慕，表演"塞宴四事"，即"诈马"（宴饮）、"什榜"（蒙古歌舞，乐曲沿袭蒙古末代大汗林丹汗宫廷音乐）、"布库"（蒙古摔跤）和"教㑊"（蒙古马术）。《清稗类钞·塞言蒙古》记载了清朝皇帝观看表演的场景。《承德府志》记载："兹札萨克于进宴时，择名马数百，列二十里施传响，则众骑齐骋，轰鸣山谷，腾跃争先，不逾晷刻而达，抢其先至者三十六骑，优赏有差所以柔远人讲武事也。"

上世纪初，在乌珠穆沁亲王举行的大型那达慕上，18岁的青年牧民都楞扎那，经过激烈的角逐，胜了王爷的摔跤手麻子双合尔，获512名摔跤比赛的冠军。王爷恼羞成怒，对都楞扎那进行了残酷的迫害，年轻的都楞扎那含恨而死。他的事迹，至今仍以民歌的形式流传在蒙古高原，歌词大意是：夜里不见的启明星哟，黎明之时亮晶晶，乌珠穆沁的都楞扎那，博克场上头一名……"

新中国成立后，蒙古族传统那达慕已经成为增进人民健康，加强民族团结，欢庆幸福和丰收的草原盛会。七八月的草原，牧草丰茂，马壮羊肥。从呼伦贝尔到科尔沁，从锡林郭勒到乌兰察布，从鄂尔多斯到阿拉善草原，都要举办盛大的那达慕。方圆百里的牧民穿着节日的盛装，骑着骏马或乘坐勒勒车、汽车络绎不绝地前来参加那达慕。那达慕大会期间，除传统的娱乐项目外，牧民们还出售牲畜和畜产品，购买生活用品和生活

那达慕上的蒙古包群

话人"中必定涌现出了不少优秀歌手；有些内容丰富、情节曲折的"把话"则流传并演变成为叙事歌曲。

　　成吉思汗西征时，将经略中原、攻打金国的任务交给了木华黎。蒙古军在驰骋中原的过程中，吸收了汉族的乐器，创造出别具特色的军中乐舞。南宋赵珙《蒙鞑备录》云："国王（指木华黎）出师，亦以女乐随行，率十七八美女，极慧黠，多以十四弦弹大官乐等曲，拍手为节，甚低，其舞甚异。"赵珙所见的"女乐随行"，其风格与南宋军中鼓乐人不相同，带有浓厚的蒙古族草原风格，故曰"其舞甚异"。1221年，成吉思汗亲率大军追击花剌子模国王子扎兰丁，直抵印度河畔，他的行帐中有一支随军乐队。《世界征服者史》云："酒瓶喉中哽咽，琵琶和三弦在合奏。"由此

元代宫廷乐队

可知，早在成吉思汗时代，蒙古军中就有了琵琶和三弦。据《元史》载，成吉思汗麾下汉族战将郭宝玉的孙子郭侃随旭烈兀出征。"丁巳年（1257年）至乞石迷部，忽里算滩降。……得七十二弦琵琶。"从狩猎走向游牧，蒙古族的生活逐渐安定，新兴的牧歌、赞歌、宴歌、婚礼歌、叙事歌、战歌等与乐器的配合日趋紧密，这也是蒙古汗国时期草原大量传入异域乐器的动因之一。

元朝是中国历史上第一个由少数民族建立的全国政权，也是中国最终形成统一多民族国家的重要里程碑。元代农业和手工业生产的迅速发展，城市商品经济的繁荣，为文化艺术的发展奠定了物质基础。在此时期，蒙古族的歌舞形式从山林狩猎时期的集体乐舞阶段，逐渐过渡到草原游牧时期以个人为主的牧歌阶段。原先那种简洁急促、肃杀狞厉的山林狩猎特点被悠扬宽舒的草原游牧风格代替。在宫廷和贵族的宴飨游乐活动中，宴歌、酒歌、赞歌等蓬勃发展。集体踏歌仍普遍流行，还产生了一些新的歌舞形式，如元代的倒喇戏是室内演出的大型歌舞。元代蒙古族先后吸收了汉族的雅乐、燕乐、细乐、大型宫廷队舞形式，结合阿拉伯地区"回回乐"、西夏党项族的"河西乐"等，创建了独具特色的宫廷乐队（蒙古语称"汗·翰尔朵"乐队）。《元史·礼乐志》礼乐二《制乐始末》载："中统元年春，正月（世祖）命宣抚廉希宪等召太常礼乐人在燕京，夏六月命许唐臣等制乐器……"汗·翰尔朵乐队乐器有以下四类：（一）吹奏乐器：龙笛、箫、胡笳、头管（筚篥）、笙。（二）

元代乐舞陶俑

喀喇沁王府乐队

弹拨乐器：火不思、筝（雅托噶）、琵琶、箜篌。（三）拉弦乐器：胡琴、轧筝。（四）打击乐器：方响（十六板）、云锣、拍板、鼓、杖鼓、和鼓、水盏等。

鉴于上述原因，元代是我国传入新乐器最多的时期之一，阿拉伯地区的兴隆笙（管风琴）、七十二弦琵琶等，便是此时传入我国。随着蒙古族人口大量涌入内地，火不思、胡琴、三弦等乐器在中原流传，为汉族等各民族人民接受，丰富了中华民族的乐器宝库。元代蒙古族器乐艺术中，还产生了一大批脍炙人口的优秀乐曲。元初的著名琵琶曲《海青拿天鹅》、大曲《白翎雀》等，受到了人们的普遍欢迎。这些乐曲雄浑豪迈、刚健清新，体现了蒙古人强悍的民族性格。其纯真朴实、崇尚自然的现实主义艺术风格，犹如草原上吹来的一股清风，对汉族音乐艺术产生了积极影响。

明代初期，蒙古族民间歌曲得到了发展，产生了大量反对战争、向往和平生活的武士思乡曲。明代中叶，达延汗在位时期，蒙古草原长期安定，游牧音乐在继承元代的基础上发展，草原长调牧歌逐渐成熟，最终成为蒙古族音乐风格的基本标志。元代盛行的其他音乐舞蹈形式，诸如倒喇戏、自娱性集体踏歌等，仍旧在民间继续流传。乐器火不思、胡琴、胡笳、雅托噶等，在草原上广泛流传。北元的蒙古贵族，仍旧维持着相当规模的宫廷乐队，大量与元代宫廷音乐一脉相承的器乐曲用于祭祀和宴飨活动，还保留了一些原生态乐器的原型。1578年，蒙古土默特部阿勒坦汗，率部皈依了藏传佛教。自此以后，藏传佛教很快占据了统治地位。蒙古草原也因此而产生了大量赞美佛教、歌颂活佛的颂歌。

17世纪中叶，明末清初的蒙古音乐进入了一个民间歌曲蓬勃发展的阶段，器乐、集体歌舞、倒喇戏等由于战乱频繁日益没落。清代中叶，在长期稳定的社会环境下，随着畜牧业经济的恢复和发展，蒙古族的草原长调牧歌，在明代基础上又有了新的提高。这一时期，除布里亚特部蒙古人外，蒙古族繁衍生息、奶茶飘香之处，无不传唱悠长的草原长调牧歌。同时，蒙古族的器乐艺术有了长足的进步，拉弦乐器迅速发展，逐渐取代了弹拨乐器的中心地位。1632年，清太宗皇太极突袭林丹汗大营，将末代蒙古大汗的宫廷乐队全部并入后金宫廷乐队，编为番部乐队，并在"榜什处"管理。康熙三十一年（1692年），清圣祖玄烨将其五女端静和硕公主下嫁喀喇沁右翼旗罗

四子王旗王府乐队

杜楞郡王噶勒藏，并将番部乐器、乐工作为陪嫁赏赐，使汗·翰尔朵乐队回到了蒙古草原。

鸦片战争以后，蒙地开荒日盛，蒙古高原南部东起大兴安岭，中经阴山山脉，西至乌拉山、母纳山的蒙古族逐渐改事农业耕作，过着半农半牧的生活。随着蒙古族与游牧生活的脱离，草原长调牧歌便趋于衰微，有些地区已濒临失传。新的音乐形式、短歌、长篇叙事歌以及蒙古语说唱"乌力格尔"等，逐渐成为民间音乐的主导风格。蒙古族和汉族人民之间的音乐交流取得了三硕的成果。例如：在内蒙古东部地区，汉族的许多民间乐器和乐曲，逐渐传入蒙古族民间，形成了新的器乐合奏形式。在内蒙古西部地区，以土默特平原、鄂尔多斯为中心，蒙古族和汉族人民在音乐方面互相学习，彼此渗透，产生了新的民歌形式"蒙汉调"（亦称"漫瀚调"），受到蒙古族和汉族人民群众的共同喜爱。这一阶段，蒙古族音乐的风格，从以草原长调牧歌为代表的抒情音乐阶段推进到以短调歌曲为代表的叙事音乐阶段。

新中国成立以来，蒙古族音乐欣欣向荣、蓬勃发展。1946年7月1日，内蒙古文工团（后改称内蒙古歌舞团）成立，是内蒙古草原的一支专业文艺队伍。1957年6月，在内蒙古锡林郭勒盟苏尼特右旗出现了一种新的艺术形式——乌兰牧骑（即小型流动文艺演出队）。演员们的足迹踏遍了内蒙古辽阔的草原和全国其他各地，并经常到世界各地演出，为蒙古族音乐的发展起到了重要作用。20世纪50～60年代，蒙古族传统乐器的开发和改良取得了显著的成绩。马头琴、四胡和火不思的改良及重新研制，使这些传统乐器在音域、音色和演奏方面有了突破性进展，在现代音乐中发挥了不可替代的作用。20世纪80年代以后，随着我国改革开放的深入，在国内外音乐交流和通俗音乐潮流影响下，蒙古族乐坛上也出现了流行音乐。内容健康、曲调优美、富有民族特色的通俗歌曲满足了新时代年轻人的娱乐需要，并在中华民族流行音乐中占有重要地位。活跃在蒙古族乐坛上的流行乐队大胆尝试了各种蒙古族传统乐器和西洋乐器的配合使用，起到了很好的效果。这一时期的蒙古族器乐创作，也取得了丰硕的成果。大型管弦乐作品《乌力格尔主题随想曲》以民间说书音乐为素材，具有浓郁的蒙古族风格。在发挥管弦乐丰富表现力的同时，乐队中大胆运用了马头琴、四胡等乐器，增强了乐曲的民族风格，受到广大听众的热烈欢迎。在2007

年春节中国蒙古族音乐会上，蒙古族乐手以马头琴、四胡、火不思等传统乐器与国外著名乐团合作，使草原音乐响彻维也纳金色大厅，受到世界瞩目。

　　三、民间游戏

　　民间游戏指流传于人民生活中的嬉戏娱乐活动，蒙古族的民间游戏是牧人们闲暇时所玩的游戏。主要有智力游戏、体育游戏（或运动游戏）、音乐游戏、角色游戏、建筑游戏、语言游戏等。若按游戏方法、器械细分，可以分为沙嘎游戏（羊髌骨游戏）、呼噜格图游戏（棋类游戏）、开锁游戏、绳扣游戏、连套游戏、折叠游戏等。

　　远古时期，蒙古族的先民们依靠狩猎生存，在阴山岩画中就常有反映狩猎、游牧的场景。如在内蒙古阴山和乌兰察布草原岩画中，就曾发现过鹿棋岩画，与当今流行于内蒙古等地的狼吃羊棋盘基本一致，其形式与蒙古国和林古城出土的鹿棋十分相近。据考证，这些岩画是西夏党项族和元代蒙古族的作品。在内蒙古锡林郭勒盟阿巴嘎旗贺斯格音乌拉也发现鹿棋岩画，为明清时代蒙古族作品。由此可见，游戏在蒙古族人民生活中占有重要地位。现在，蒙古族民间游戏的种类非常丰富，如沙嘎游戏就有十几种玩法，且人数不限，男女老幼皆宜。游戏不仅消除了人们的疲劳，也陶冶了人们的生活情趣。

　　蒙古族长期从事牧业经济，他们的生产、生活与动物结下了不解之缘。牧人的游戏、竞技大都是以动物为表征。如蒙古象棋棋子的名称，鹿棋的鹿吃狼等。游戏所用的玩具大部分取材于身边材料加工修饰而成。如沙嘎游戏中的沙就是用牛羊等动物的髌骨制成。这些玩具多方面体现了蒙古族人民的聪明智慧与丰富的想象力、幽默风趣的语言、清晰敏捷的思维以及广泛的生活情趣。

　　汉族地区的一些游戏传到草原后，受到草原文化的影响，出现了新的变异。如从牌九演变出来的"大六牌"，还有类似扑克的蒙古纸牌等。

小骑手一般头带卷云冠或罩长穗彩巾。冠用鲜艳的绸缎缝制，冠顶为中高边低的三叉式尖顶。中央固定小镜片或五角星等。两鬓处接彩带系于颌下，帽后钉一对1尺5寸长的彩色飘带。长穗彩巾的中段搭在头上，在耳朵上部扎紧系好，两端垂于两肩。

小骑手的服装采用色彩艳丽、轻软透汗的绸布制作，紧身长袍的袖子和下摆比普通袍子的短，并在领口、大襟、下摆和袖口镶有彩色花边儿和装饰图案。裤子裆部宽松，裤脚收紧。赛马时，小骑手穿轻便靴子或只穿袜子。这种比赛不备马鞍，马匹只带嚼子。缰绳用薄皮子或丝绳制作，比普通缰绳短。赛马用马鞭长约2尺，用藤、木或羊大腿骨为鞭杆，精致者常带银或铜箍，并錾浅花纹图案，以细皮条编结成束，端部留穗状鞭梢。马鬃、马尾编结后用彩绸打结，防止快速奔跑时飘散产生阻力和干扰其他马匹。饰物与小骑手的服饰相互辉映，非常漂亮。

三、射箭

射箭是蒙古族的传统体育项目。蒙古族以精骑善射闻明于世。弓箭就是蒙古族的主要狩猎工具，后来又成为作战的重要武器。据《蒙古秘史》记载：别勒古台（成吉思汗的异母弟）说："活着的时候，就让敌人把自己的箭筒夺去，活着还有什么用？生为男子，死也要跟自己的箭筒在一起。"意大利人普兰在《蒙古行记》中记载："男子除了从事制箭或照料畜群外不管别事。他们从事狩猎和练习骑射，他们不分老少都是骑射能手。"

（一）射箭的佩饰

传统的蒙古族射箭比赛，男女老幼皆可参加。骑射时，射手穿传统服饰并佩带全套弓箭，骑乘备有精美马具的坐骑。步射时，射手着传统服饰，还要备齐弓、箭、弓箙、箭囊、护袖和扳指等。

弓分为弓梁和弓弦两部分，弓梁上有弓靶、弓面、弓鞘、弓垫子、弓弦码和马拐等部件。制作弓需要藤、牦牛角、桦木、竹片、牛筋、树皮、蟒皮和鳔胶等材料。弓梁用藤和竹片制作。以弓梁的内侧和侧口中心为界，往两端安置弓鞘，在弓鞘的两侧，安置用硬皮制作的垫子和弦码上，以鳔胶固定。弓梁外侧粘贴桦皮。定好型的弓梁中间向里弯曲，弓梁两侧向外弯曲，弓梁两端向里弯曲。弓有大、中、小三种型号，上弦后大号弓约5尺长，中号弓约为4尺8寸长，小号弓约为4尺5寸长。用牛筋、肠衣、牛皮条、细棉制作的弓弦两端固定在弦码上，再用皮裹好弦码。良弓都配有专用的弓箙。弓箙常用厚牛皮制成三角形，其上印制或雕刻有吉祥图案、威猛图案，缀有金属环扣便于随身佩带，和箭囊同样是弓箭手的传统配饰。

箭由箭杆、箭镞、箭口和箭翎等组成。箭杆长大约3尺。射靶的箭有两种，一种是直箭，另一种是蛇箭。蛇箭的箭杆中间粗两头细，速度极快。箭翎用雕鹰等猛禽的羽翎制作。箭囊多用牛皮制作成方形，常浮雕狮虎图案，镶金银泡钉和珍珠等装饰。

扳指也称班指、搬指。扳指多用金银玉翠制作。射箭时，将它套在右手拇指上，用于控弦。早期的扳指用于保护手指，装饰性较弱。后来扳指的工艺性增强，除了用于射箭，也是蒙古族喜爱的装饰品。

护袖用香牛皮、牛皮制作。护袖可以保护手腕，又能增强手的力量，因此护袖是射箭必备物品。

箭靶有飞靶、固定靶两种。骑射或步射抛出物称飞靶，飞靶用皮块或布制作。固定靶分为天靶、地靶。天靶以月靶为多，它是用棉花、皮块或毡片制作的不同颜色同心圆环形圆靶，靶心为红色，其外是一环套一环的黄、绿、蓝色圆环。骑射和步射悬吊的月靶时，射中红心者得分最高。地靶使用与月靶类似的材料制成的帽状或圆柱状软质靶，置于一定距离外的地面。

（二）射箭比赛

射箭规则包括弓箭手、射距、竞赛规则、射箭歌（或赞词）、射手的称号、射击的禁忌礼节等内容。射箭比赛分为个人赛、团体赛两种。计算个人总成绩的比赛为个人赛，计算团体总成绩的比赛为团体赛。

蒙古族传统的射箭有骑射、步射两种。

1．骑射

骑射分为：站在马镫上向前射叫快马直射，快马转身向后射叫后翻中射，走近射叫镫射，还有抢射、花样射、簸扬射等等。那达慕上骑射主要射吊靶、卧靶和立靶等。

骑射月靶

飞马沿骑射路线经过固定距离悬吊月靶的一刹那，射手在马镫上站起来转身射的形式叫做骑射月靶。

骑射吊靶

在地面上挖出约12尺宽、约2尺深、250尺长的直沟，在两侧距离6~9尺处悬挂约6尺高的三个靶。各靶的间距为15庹（每庹约5尺）。第一个靶制成一尺宽的方袋，吊挂在骑射路的左侧；第二个靶做成人脑袋大的布球，吊挂在路的右侧；第三个靶子做成三角形白布袋，吊挂在路的左侧。骑射吊靶时，离沟口90庹处起跑进入骑射通道，接近靶子时抽箭扣弦发射。每个轮次射三箭，共三个轮次九支箭，以射中数量的多少确定成绩。

骑射立靶

骑射通道两侧有3~5个5尺高的立靶，在马的跑动过程中射箭。其规则与吊靶相似。

《草原生活图》局部

清
纸本
长 257 厘米　宽 66.5 厘米
蒙古国国立博物馆藏

祭祀活动后举行的摔跤比赛

清代内蒙古摔跤比赛

近代蒙古族摔跤手

现代蒙古族大型祭祀活动后，仍举行摔跤比赛。

蒙古族摔跤手在祭祀仪式上

入场式

现代那达慕上的蒙古式摔跤

现代那达慕上的女子蒙古式摔跤

（二）蒙古式摔跤服饰的组成

清代蒙古族摔跤手

根据锡林郭勒盟西乌珠穆沁旗吉仁苏木纳·仁钦老人的记忆
绘制的陶莱士活佛四位著名摔跤手画像

身穿摔跤服的摔跤手

护身颈结（姜嘎）

护身颈结最初具有宗教色彩，它主要以裹有绸布的皮圈、绸缎和哈达等组成。其上彩条数量表示荣获冠军的次数。它是活佛或萨满给摔跤夺魁者佩戴的护身物，年轻摔跤手不能随意佩戴。

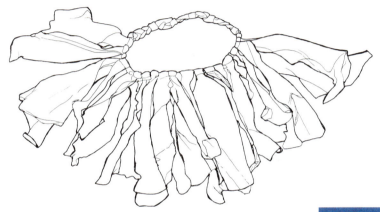

佩戴护身颈结的摔跤手

摔跤坎肩（昭得格）

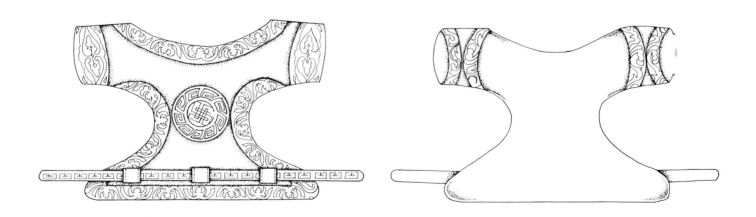

敞开式摔跤坎肩

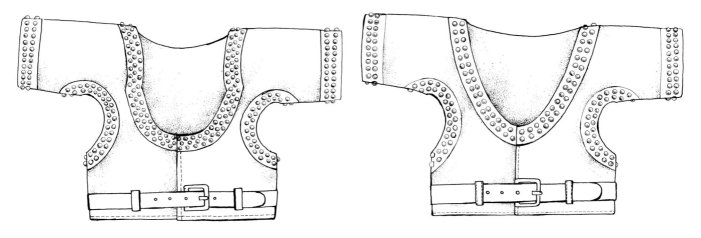

封闭式摔跤坎肩

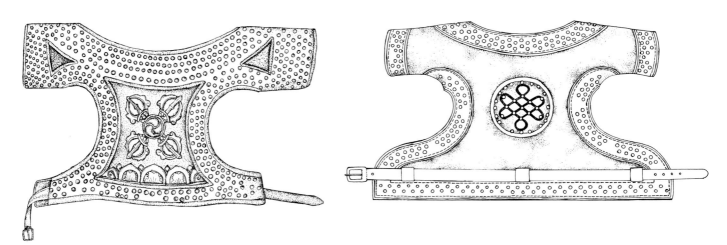

蒙古国苏和巴特尔地区的摔跤坎肩

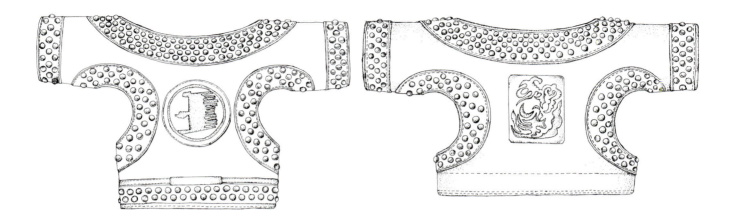

女子摔跤坎肩

摔跤坎肩背部纹饰

蒙古民族游乐文化

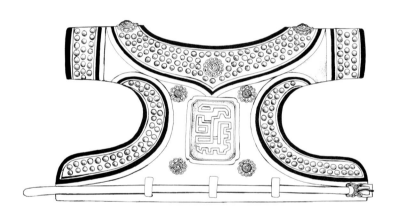

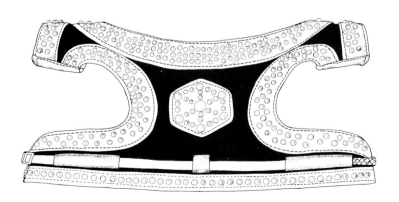

摔跤坎肩背部纹饰

围裙（拉巴力或希力布格）

一般由红、蓝、黄三色绸缎组成。红色象征升腾的火焰，蓝色象征永恒的蓝天，黄色象征万物生长的大地。

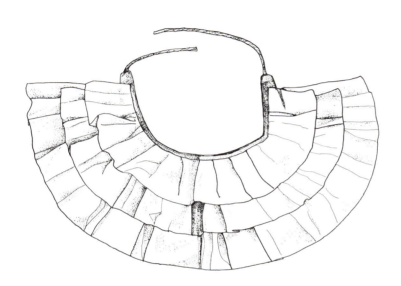

蒙古民族游乐文化

肥裆裤（斑斯拉）

肥裆裤由32尺白布折叠缝制而成。腰围平均长13尺，裤腰长4尺，裤裆宽2尺5寸，立裆高2尺2寸。

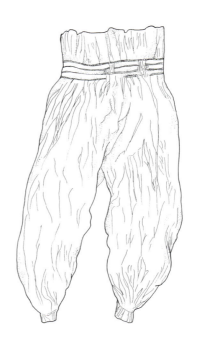

套裤（陶苏）

　　根据摔跤手的资历，套裤选用不同面料、色彩和图案。年轻摔跤手一般用红、蓝、紫等色泽鲜艳的绸缎类面料，并镶云纹图案和铜钱图案；名将或老将则多用蓝色团花缎、紫色绸缎和丝绒等较昂贵的面料，并镶云纹图案和龙、凤、虎、狮等图案。

为摔跤手缝制套裤

套裤纹样（一）

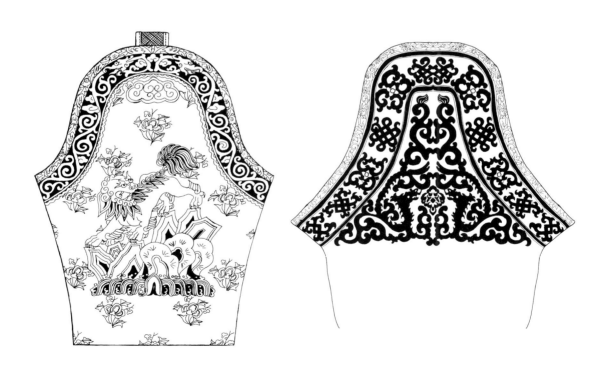

套裤纹样（二）

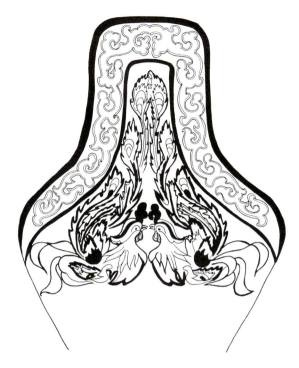

凤凰纹女子套裤

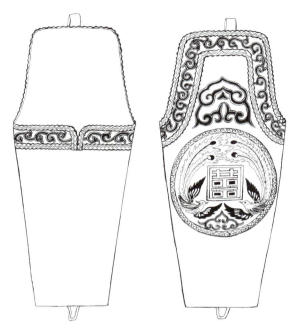

双喜纹女子套裤

虎虎雄风

摔跤靴子（果特勒）

普通摔跤牛皮靴和用麻线密纳缝制的鞋底

香牛皮靴

近代
皮
底长43厘米　宽15厘米　高37厘米
内蒙古大学民族博物馆藏

黑底绣花布靴

清
布
底长42厘米　宽12厘米　高40厘米
原件征集于内蒙古自治区阿拉善盟
原件藏于内蒙古博物馆

蒙古民族游乐文化

绣花靴边（图力布其）

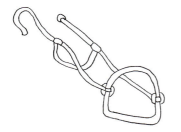

牛皮绑带（杜日）

扎好绑带的摔跤靴

（三）蒙古式摔跤服饰

蒙古式摔跤服（一套）

近代

皮

原件征集于内蒙古自治区西乌珠穆沁旗，为当
地著名摔跤手传世遗物。

原件藏于内蒙古博物馆

蒙古民族游乐文化

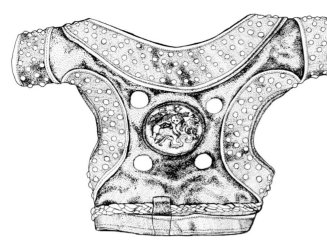

镶狮纹银饰牛皮坎肩

清

皮、银

身长 55 厘米　两袖长 91 厘米　底边宽 90 厘米

原件藏于内蒙古博物馆

以黑色香牛皮制成，前胸裸露，后衣与半袖筒相连。背部正中镶一圆形浮雕狮纹银饰牌，衣边镶数排银泡钉，腰下部有牛皮编结的穿带。

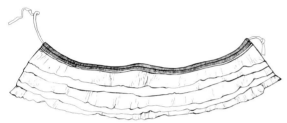

五彩围裙

清

绸

通长 89 厘米　宽 19.5 厘米

原件藏于内蒙古博物馆

以红、黄、蓝等五彩绸缝成，系于腰部的短裙。

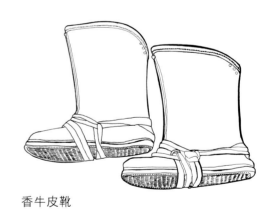

香牛皮靴

清

皮

底长 40 厘米　宽 12 厘米　高 35 厘米

原件藏于内蒙古博物馆

二龙戏珠纹摔跤套裤

清

皮

长 97 厘米　最宽处 41 厘米

原件藏于内蒙古博物馆

以黄布缝制而成，套于摔跤裤外。上补绣黑绒二龙戏珠纹。

蒙古式摔跤服（一套）

近代
皮
原件藏于内蒙古博物馆

蒙古式摔跤服（一套）

近代
皮、银、布、绸
原件藏于内蒙古博物馆

喀尔喀摔跤服

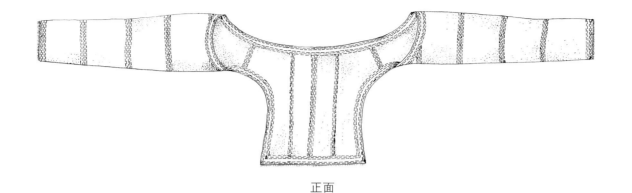

正面

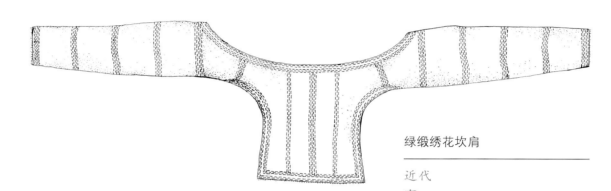

背面

绿缎绣花坎肩

近代
布
身长36厘米　两袖宽154厘米
底边32厘米
原件藏于内蒙古博物馆

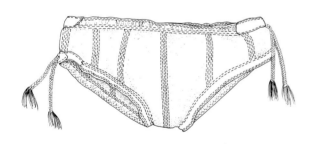

绿缎绣花护裆裤

近代
布
腰宽46厘米　裆深30厘米
原件藏于内蒙古博物馆

带靴边和绑带的摔跤靴

摔跤靴后面的靴裹

蒙古民族游乐文化

乌珠穆沁式

乌珠穆沁摔跤手

乌珠穆沁摔跤手

呼伦贝尔式

呼伦贝尔摔跤手

摔跤手的靴筒与护胫条之间加牛皮护膝板（陶立亚），并在皮板上绘制图案，是呼伦贝尔摔跤服饰的显著特征。

阿拉善式摔跤（沙拉布尔式）

阿拉善式摔跤手

阿拉善式摔跤·准备姿势

阿拉善式摔跤服

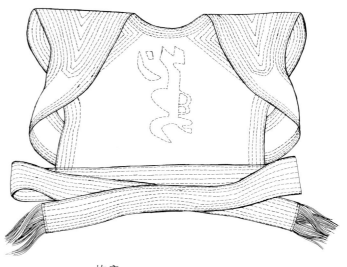

坎肩
_____

近代
布
身长41厘米　肩宽51厘米　下宽142厘米
原件藏于内蒙古大学民族博物馆

正面

背面

护裆裤
_____

近代
布
宽60厘米　裆深37厘米
原件藏于内蒙古大学民族博物馆

云纹布靴、靴底
_____

近代
布
高31厘米　底长31厘米　宽10厘米
原件藏于内蒙古大学民族博物馆

摔跤手入场舞步

摔跤手出场和退场时，都要跳跃（蒙古语称
"得波"）。出场跳跃高而快，时间长些，是
比赛前的准备活动。退场时跳跃时间短些，
慢跑返回原地，是一种放松动作。"得波"有
三种：狮舞步、鹿舞步、鹰舞步，雄健优美。

摔跤手入场舞步

"达尔罕"摔跤手将心爱的护身颈结（姜嘎）授予下一代摔跤手

摔跤场上的激烈拼搏

彪悍的男子摔跤手

比赛中的女子摔跤手

蒙古民族游乐文化

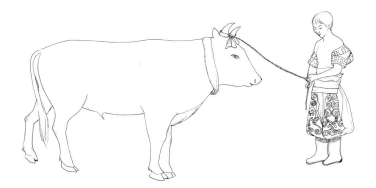

获得冠军的摔跤手可得到"九"数的奖品，如骆驼九峰、马九匹、牛九头以及茶九块等奖品

颁奖仪式

满载而归

二 赛马

（一）赛马的起源

《马术图》局部

清
绢本
长 425.5 厘米　宽 225 厘米
北京故宫博物院藏

郎世宁等绘。描绘乾隆皇帝在避暑山庄接见
土尔扈特部首领时观马技情形。

清代绘画《蒙古人的一天》中娶亲路上进行赛马的场景

蒙古国藏清代绘画中的赛马场景

1934年绥远省第三届赛马会种马第一名

1934年绥远省第三届赛马会跑马第一名

清代手持赛马名次牌的蒙古族儿童

1934 年绥远省第三届赛马会走马第一名

（二）赛马的种类

走马赛

种公马速度赛

四岁马速度赛

鞍马接力赛

二岁马速度赛

颠马赛

守望

快马赛

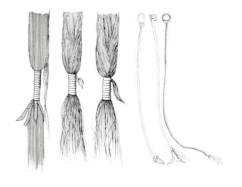

马尾装饰和扎绳

　　参赛马可以将马尾和马鬃扎起来，防止在比赛过程中马鬃遮挡眼睛，马尾扫到后马的眼睛。

终点冲刺

风驰电掣

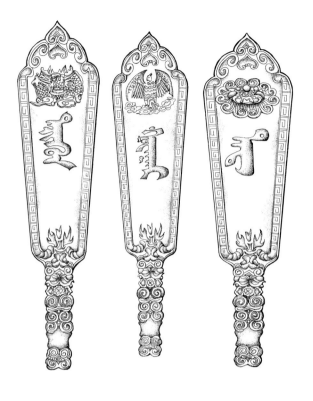

赛马名次牌

近代
木
长49.8厘米　宽处12.3厘米
厚1.5厘米
原件藏于内蒙古博物馆

赛马名次牌

近现代
木
长42厘米　宽6厘米
原件藏于内蒙古大学民族博物馆

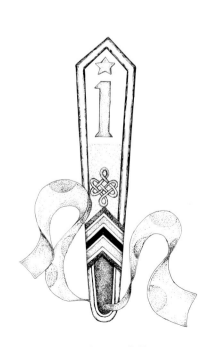

现代赛马名次牌

为冠军马祝颂

祝颂人员为取得名次的选手敬银碗鲜奶

走马赛

备好马鞍的赛马

起跑

激烈竞赛

终点冲刺

50 公里赛马

（三）马术

拾帽子

拾鞭

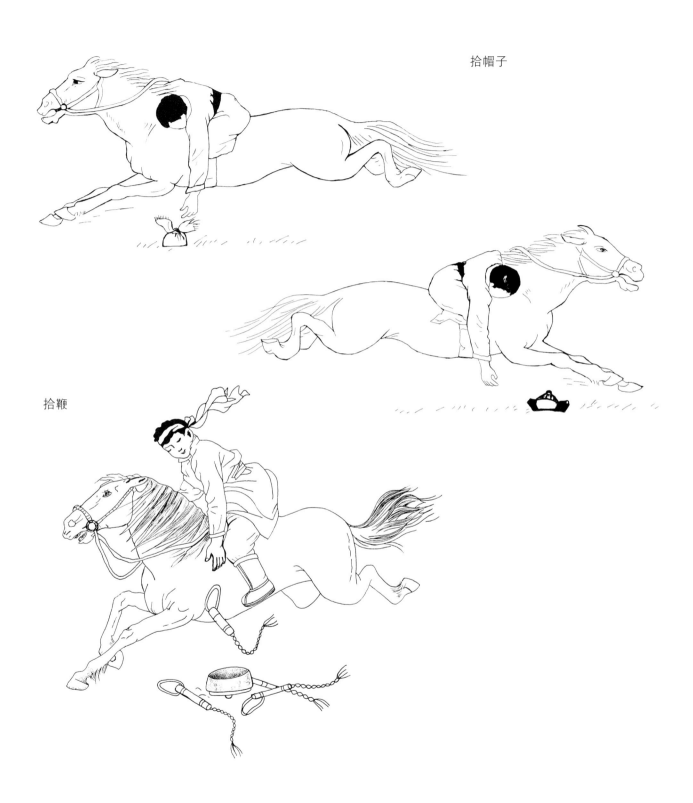

拾哈达

双人马术

叠罗汉

（四）赛马服饰

快马赛服饰

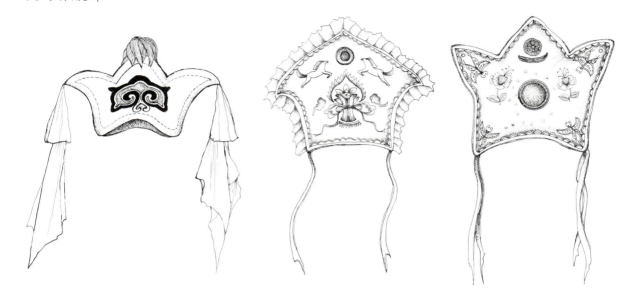

卷云冠

戴卷云冠的小骑手

蒙古民族游乐文化

长穗彩巾

带蝴蝶彩结的长穗彩巾

不带彩结的长穗彩巾

带装饰结的长穗彩巾

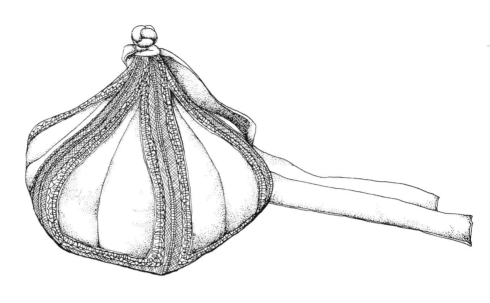

四棱形赛马帽

近代
布、绸
宽18.9厘米　高16.3厘米
原件藏于内蒙古博物馆

赛马帽的式样

蒙古民族游乐文化

蝴蝶纹儿童赛马服纹饰

近代

布

身长110厘米　两袖通宽140厘米

原件征集于内蒙古自治区锡林郭勒盟

云纹赛马服

蒙古民族游乐文化

蓝缎团寿纹赛马服

近代

绸缎

赛马服上衣长48厘米　两袖宽132厘米

赛马帽长22.2厘米　宽16.3厘米

裤子长78厘米　裆深22厘米

原件藏于内蒙古博物馆

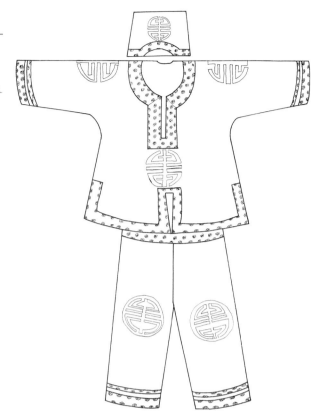

双鸽盘肠纹裙式赛马服

带腰带赛马服

（五）赛马鞍具及配套用品

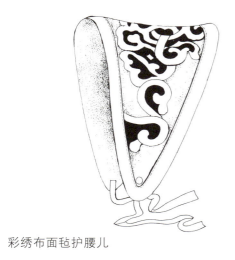

彩绣布面毡护腰儿

盘肠纹毡护腰儿

快马赛轻便鞍具（护腰儿）

毡护腰儿

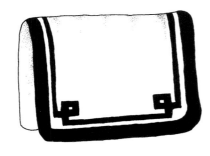

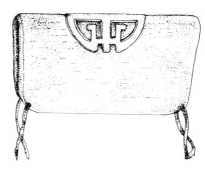

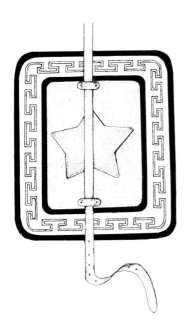

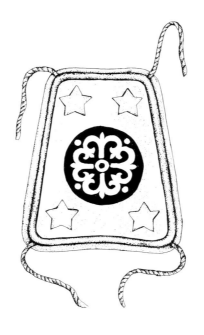

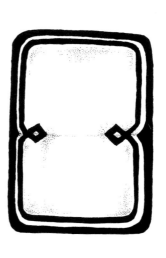

云纹装饰带彩裙边轻便马鞍

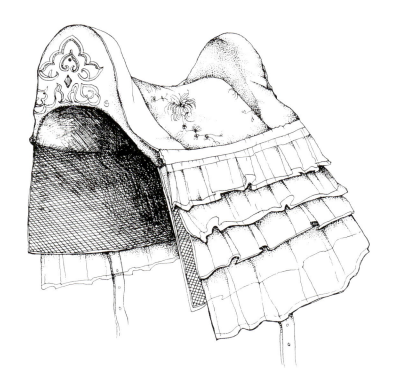

盘肠纹轻便马鞍

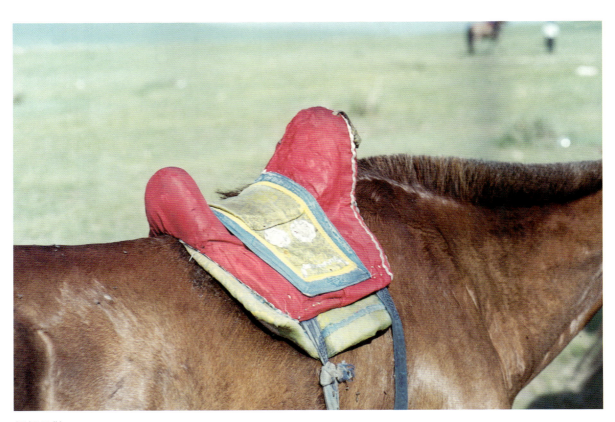

轻便马鞍

万字纹绣花赛马鞍

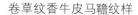

卷草纹香牛皮马鞯纹样

近代
皮
长44.5厘米　宽31.5厘米
原件藏于内蒙古博物馆

云纹香牛皮马鞯纹样

近代
皮
长74厘米　宽62.5厘米
原件藏于内蒙古博物馆

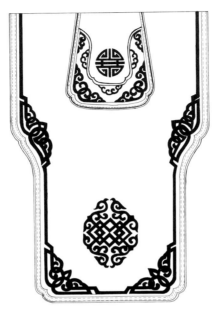

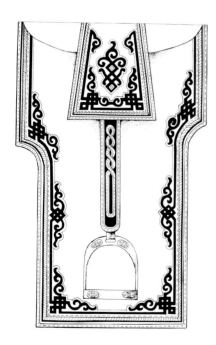

香牛皮马鞴纹样

景泰蓝花卉纹马镫

民国
铜
通高 13 厘米　镫宽 19 厘米
镫长 11.3 厘米
原件藏于内蒙古博物馆

景泰蓝回纹马镫

民国
铜
通高 14 厘米　镫宽 12 厘米　镫长 5.5 厘米
原件藏于内蒙古博物馆

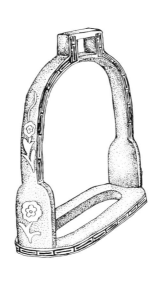

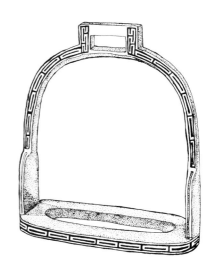

景泰蓝回纹马镫

民国
铜
通高 16 厘米　镫宽 11 厘米　镫长 12 厘米
原件藏于内蒙古博物馆

龙纹马镫

民国
铁
通高 15.6 厘米　镫宽 10 厘米
镫长 13.7 厘米
原件藏于内蒙古博物馆

成人赛马鞍

鞭策

蒙古民族游乐文化

八股鞭子

近代
皮、木
长71.5厘米
原件藏于内蒙古大学民族博物馆

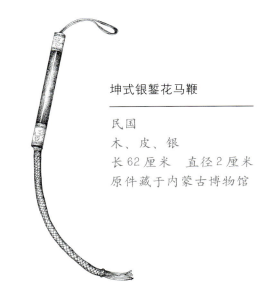

坤式银錾花马鞭

民国
木、皮、银
长62厘米　直径2厘米
原件藏于内蒙古博物馆

羊皮编结马鞭

伞式马鞭

近代
皮
长73厘米
原件藏于内蒙古大学民族博物馆

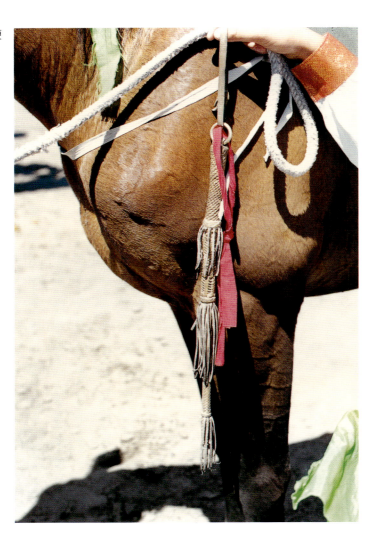

羊腿马鞭

近代
羊骨、皮
长 40 厘米

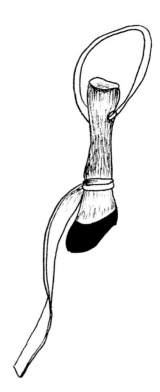

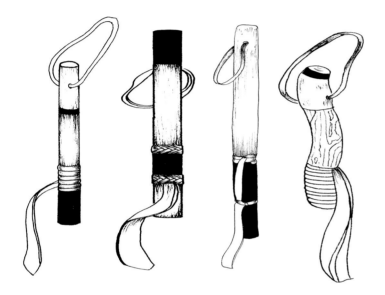

短鞭子的式样

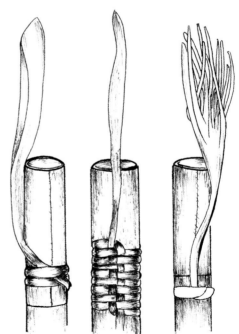

鞭结扣的式样

鞭柄装饰

三　射箭

（一）古老渊源

阴山岩画中正在射猎的蒙古高原先民

成吉思汗狩猎图

《元世祖出猎图》局部

元
台北故宫博物院藏

图正中骑黑马穿红衣白裘者即元世祖忽必烈。随从者有人架鹰、
有人持箭、有人纵犬、有人携猎豹、有人弯弓射雁。

蒙古民族游乐文化

14 世纪蒙古骑兵

成吉思汗碑文拓片

纸本
俄罗斯圣彼得堡博物馆藏

碑文的内容是:"成吉思汗征服花剌
子模之后,在布哈苏其海举行全蒙古
盛会,也松格远射335庹。"也松格是
成吉思汗胞弟哈萨尔之子。

14 世纪蒙古人使用的弓箭

元人步射图

元人马射图

五当召壁画

蒙古国藏清代绘画中射箭比赛的场面

清代射箭比赛

木制弓

近代
木、皮
长149厘米
原件藏于内蒙古大学民族博物馆

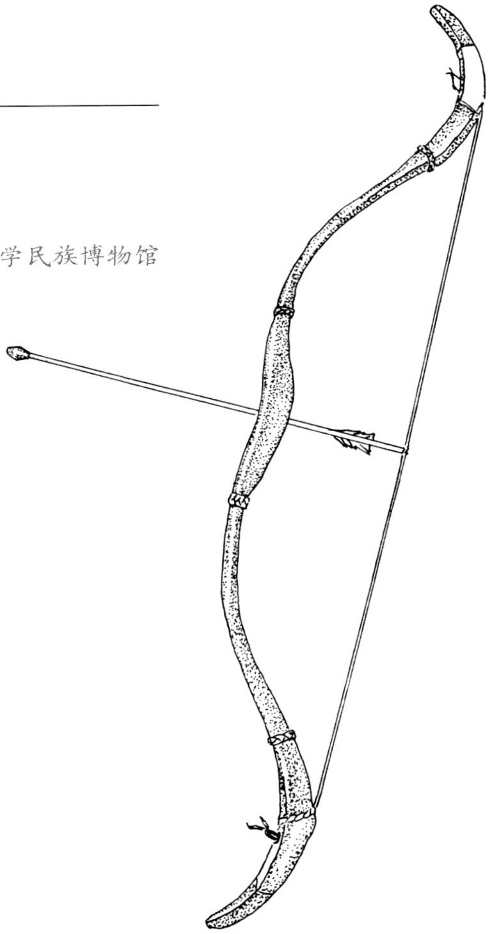

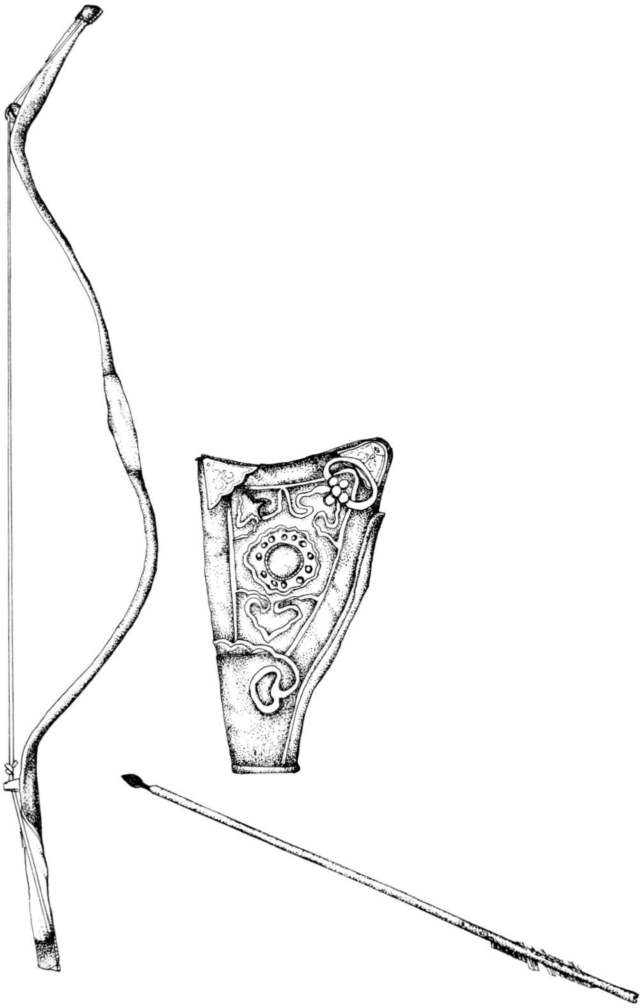

弓韇、牛角弓及羽箭

清
桦木、牛角、皮筋
弓韇长55厘米　最宽31厘米
牛角弓长162厘米　宽24厘米
羽箭通长102.2厘米　镞长4.5厘米　最宽2.5厘米
原件藏于内蒙古博物馆

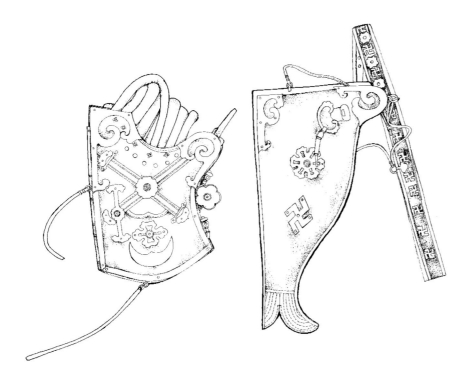

十字花纹弓箭与箭囊

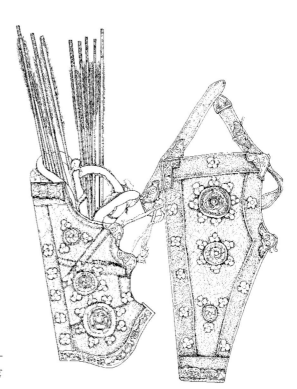

法轮纹弓箙和箭囊
<hr />
原件藏于蒙古国国家博物馆

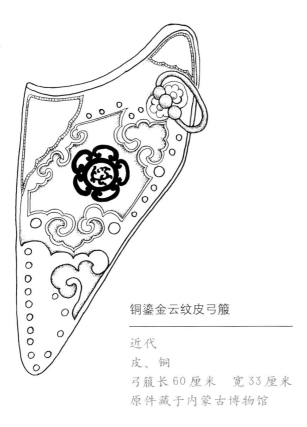

铜鎏金云纹皮弓韬

近代
皮、铜
弓韬长60厘米　宽33厘米
原件藏于内蒙古博物馆

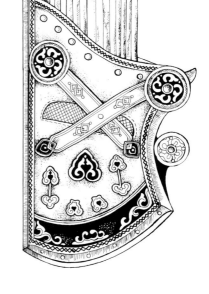

方胜纹箭囊

原件藏于蒙古国国家博物馆

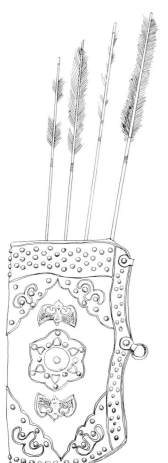

镶双蝙蝠纹铜饰皮箭囊及羽箭

清
铜、皮、木
箭囊长48.7厘米　宽27.5厘米
厚8厘米
原件藏于内蒙古博物馆

原件为内蒙古自治区乌珠穆沁旗王府
遗物。箭囊为扁筒形，黑牛皮制作。

寿字纹箭囊

近代
皮
箭囊长50厘米　宽25厘米　厚10厘米
内蒙古自治区呼和浩特市征集
内蒙古博物馆藏

（三）弓箭手配饰及箭靶

佩戴扳指和护袖的射箭手

御题扳指

清
青玉
高2.3厘米　外径2.9厘米
内蒙古自治区乌珠穆沁旗王府遗物。上刻有清
乾隆帝御题诗文，是宫廷赏赐之物。
内蒙古博物馆藏

南阳玉双环扳指

清
玉
高2.5厘米　外径3.1厘米
原件藏于内蒙古博物馆

玉扳指

清
玉
直径3厘米
原件藏于内蒙古大学民族博物馆

蒙古族民间收藏的扳指

骑射吊靶

骑射用月靶

骑射立靶

骑射气球

步射立靶

现代环靶

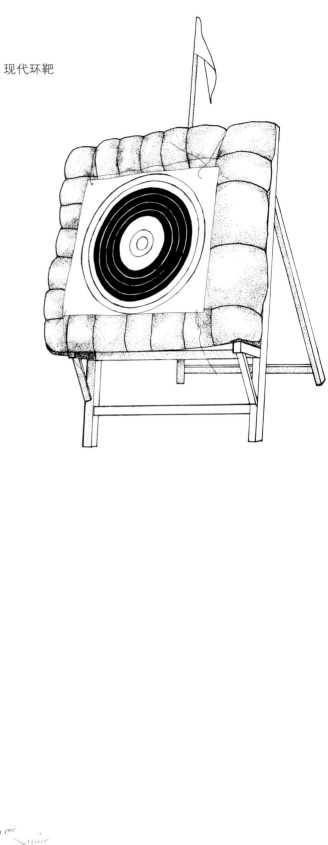

现代射箭

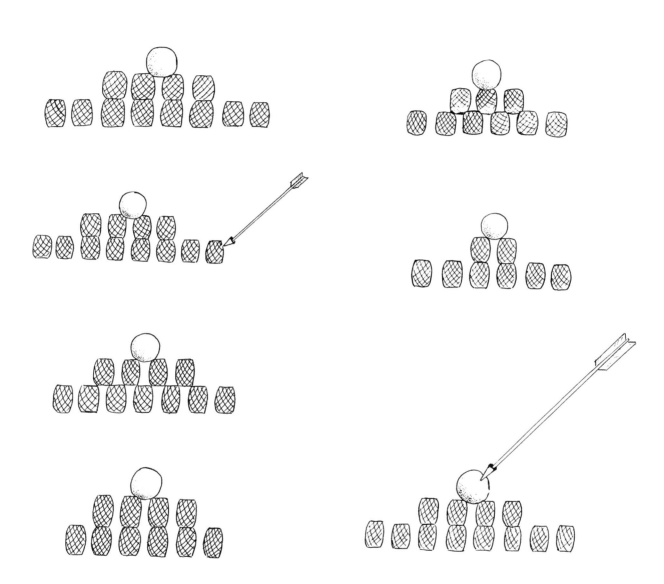

步射垒靶

四　赛骆驼

（一）历史渊源

蒙古国藏清代绘画《草原的一天》局部

驯驼

争先

（二）骆驼用具

备好鞍具的骆驼

蒙古民族游乐文化

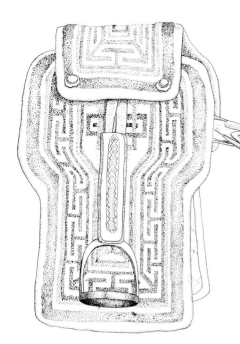

白地蓝花回纹驼鞍

近代
木、驼毛、栽绒
长47厘米　宽34厘米　高89厘米
原件藏于内蒙古博物馆

白地蓝花驼鞍

近代
木、驼毛、栽绒
长44厘米　宽35厘米　高85厘米
原件藏于内蒙古博物馆

宝相花纹栽绒坐垫，以皮鞍花固定于团花
栽绒大鞯上，两侧垂系铁蹬。

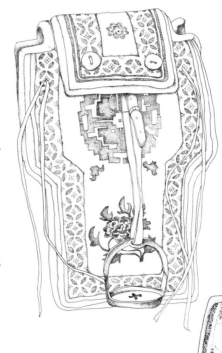

白地红、蓝花驼鞍

近代
木、驼毛、栽绒
长45厘米　宽36厘米　高87厘米
原件藏于内蒙古大学民族博物馆

驼鞍纹样

蒙古民族游乐文化

驼毛绳四合编驼缰（附鼻弓）

近代
驼毛
长236厘米
原件藏于内蒙古博物馆

用木棍或兽骨制成，一头尖，另一头呈叉状。骆驼两岁时带鼻弓。用鼻弓尖刺穿骆驼鼻中隔，涂上盐防止感染。鼻弓绳用来牵引骆驼。

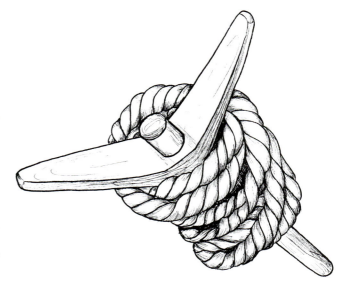

拴鼻弓的骆驼

骆驼的鼻弓、缰绳的用法

驼毛编三色波纹驼捆肚

近代
驼毛
长456厘米
原件藏于内蒙古博物馆

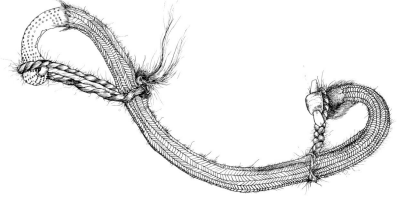

驼绊

（三）赛骆驼

整装待发

比赛中

冲刺

五　赛布鲁

布鲁是重要的狩猎工具

心形布鲁

近代
木、铜
长49.5厘米
原件藏于内蒙古博物馆

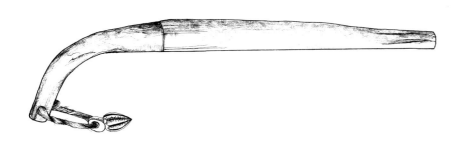

心形布鲁

现代
铁、木
长60厘米
原件藏于内蒙古博物馆

龙凤柄锤链布鲁

清
木、铜
长60厘米
原件藏于内蒙古自治区赤峰市博物馆

"海毕勒"布鲁（狩猎用布鲁）

近代
木、铅
长46厘米　宽7.5厘米
原件藏于内蒙古大学民族博物馆

"图拉嘎"布鲁（扇形布鲁）

近代
木、铜
长57厘米
原件藏于内蒙古博物馆

"图拉嘎"布鲁（扇形布鲁）

现代
木、铁
长60厘米　宽2.6厘米
原件藏于内蒙古博物馆

赛布鲁（掷准）

赛布鲁（掷远）

4．一方连续不停的"将军"，另一方的王无法避开长将；

5．一方吃光另一方的除王以外的所有棋子，而无法将死对方的王；

6．传统蒙古象棋不许用马"将死"对手，若一方用马"将死"另一方，只能判为和棋。

蒙古象棋比赛是那达慕大会的重要内容，并成为蒙古族日常的文体娱乐活动。

二、鹿棋（宝根）

汉语俗称"羊围老虎"。鹿棋来源已久，西夏党项族和元代蒙古族在内蒙古阴山和草原岩画中刻画的鹿棋棋盘，与现代内蒙古的鹿棋棋盘基本一致。

鹿棋子用牛、羊髌骨或用硬木雕刻成鹿和狗为棋子，棋盘画在木板或布料上。也可以随地画出棋盘，捡两样东西做鹿和狗，就可以对弈。鹿棋棋盘样式较多，游戏变化无穷，充满趣味。

鹿棋棋盘的图案由草原、山、悬崖组成，山越多棋子越多，棋盘的线数（格子）越多下法就越复杂。如"二十四"、"四十九"、"六十四"等。"二十四"指一方持两个鹿，另一方持24只狗，在有山或悬崖（4×4平原）的棋盘上，一方移鹿，另一方移动或放置狗。对弈前，鹿摆在两个山口，围绕棋盘中心内圈摆8只狗，剩余的16只狗备用。鹿先走，如能跳过一只狗，就吃掉它。隔两只狗不能吃。鹿每走一步，狗可以选择走一步或加一棋子，执狗一方努力使两狗相连，阻止鹿吃狗。执鹿一方努力吃掉更多的狗，并尽量向棋盘中心移动，如果最后两只鹿的位置在棋盘中心或山口上，鹿就处在自由的位置，则鹿胜狗负。反之，鹿被狗围到死角里，不能移动，则狗胜鹿负。

三、连儿棋（吉日格）

"吉日格"意为用插入方法把有间隔的东西连接起来，在内蒙古科尔沁地区较为流行。

吉日格棋盘有正方形、圆形、三角形和多边形等。正方形棋盘由同心不同大的小的三个正方形组成，利用角边线和中间线形成24个交叉点。对弈双方各执12个染成不同颜色的羊髌骨为棋子（或用石块、草棍等，只要两人能区分各自的棋子即可），依次向棋盘上的交叉点落子。把三个棋子摆在一条线上就算"连"成一次，可以吃掉对方的一个棋子。但不能吃掉对方已经连成的棋子。选择有利于自己连成又能阻碍对方的下法，最后以在12个子摆定后连成次数多的一方为胜方。吉日格棋盘花样越多，连成的机会越多，下起来就越复杂。

四、帕尔杰

帕尔杰是蒙古族传统的民间棋类娱乐项目之一，流行于内蒙古东部地区。

取类似的六枚贝壳，里面倒上火漆，使之成为黑白两色，即为帕尔杰。游戏时将六枚帕尔杰同时抛出（类似掷骰子的意思），根据六枚帕尔杰出现正反面（出相）的数字组合决定在棋盘上走子，先走完全程者为胜方。

帕尔杰的棋子一般为木雕的不同颜色的骏马形。对弈双方持同样数量棋子（数目不定）。

简单的帕尔杰棋盘是在一块正方形的白布上画一个大十字，十字的四条线为四扇门，每扇门都从布的正中向外作与十字平行的三行直线，再将每扇门八等分，这样每扇门就有24个眼。棋子在棋眼上运行。这些棋眼也都有各自的名称。还有一种帕尔杰棋盘叫做"套日古乐"棋盘。这种棋盘中间也是十字形，周围有四方形的框子。一般帕尔杰棋盘为羊皮或布制，便于携带。也有木制的精雕彩绘棋盘，多为贵族使用。

帕尔杰的竞赛方法：将六个帕尔杰用双手捧起，摇几下同时抛出。如抛出的六个帕尔杰中出现五背一正，则为"益斯"（出九），这是起步最大的好棋，出了"益斯"可"奖棋"，一个棋子可走二十五个"嘎吉日"（即棋眼）。如六个帕尔杰出现五正一背，则为"阿日本尼格"（出十一），也是一种"奖棋"。"奖棋"出现时方可将手里的棋子摆到棋盘上开始走棋（出棋）。除了"益斯"和"阿日本尼格"外都不奖棋，只能根据出数的多少来走已在棋盘上的棋子。不出现"奖棋"，棋子握在手里就一直不能摆上棋盘。六个都出"背"为"阿日本郝益尔"，六个都出"正"为"六个查格来"，均走六步；四"正"两"背"走两步；三"正"三"背"走三步；二"正"四"背"走四步。对弈双方各守两个门，双方以相似人数各持相同的棋子，依次掷帕尔杰、走棋。一般双方均为五人，每人持五枚棋子进行角逐。掷时如出现"益斯"、"阿日本尼格"或"六个查格来"、"阿日本郝益尔"的话，可连续掷，直到不出上述几种帕尔杰时再轮到下一个人。按照出"奖"的数目出棋、走棋。每个棋子先走完其出发门中的八个棋眼，出了门再向右转，再走完己方另一个门的八个棋眼就走完了全程。如一方的所有棋子先于对方走完了全程，即为获胜。棋盘中均布着八个"必黑"（带万字纹的格），当棋子走到"必黑"时，对方棋子赶上时不能吃掉它；只有在"必黑"以外的棋眼赶上时，后者按棋步赶上前者时方可吃掉它。被吃的棋子回到起点重新走。走完全程的棋子也不能被吃掉。棋子最后一步的步数与帕尔杰所出数相同时就"掉洞里了"。这样的棋子只有出"阿日本尼格"或"益斯"时才能救出来。当一方的最后一个棋子走到本方门里后，掷出的帕尔杰出现"阿日本尼格"时所剩棋子没有那么多了，只能走一个棋眼，这样一步一步挪动的棋子如掉到洞里的话，就需要出现相当于它挪动步数同样次数的"阿日本尼格"才能救出它。这种玩法促使双方情绪紧张，妙趣横生。当棋手在可能掉洞时掷帕尔杰，围观的棋迷们用顺口溜"洞、洞、万年的洞，虎皮蒙就的黑洞；洞、洞、千年的洞，牛皮蒙就的深洞"来刺激对方取乐。

对弈中的一方走完了行程后，必须将棋子从棋盘上撤下，方为赢，否则为输。

五、牛角棋（额布尔宝嘎）

因为棋盘似牛角，故名牛角棋。棋盘上有十个位置，棋子为三个。其中一个为鹿，两个为狗，游戏者一方持鹿，另一方持狗。开始时在牛角形棋盘底部的两个位置上放两只狗，牛角的角端放一只鹿。玩耍时持鹿方先走，随后持狗方再走，主要目的是使两只狗把鹿逼回到牛角上端，鹿无路可走时，持狗棋者为获胜者，也叫做钻到牛角尖了。若两只狗围逼鹿时，所持的狗棋正好走到鹿棋的前面，而后面还有一空位置，鹿可以从这个狗的身上跳到狗后面的位置，这样持鹿者就为胜方。

六、宝牌（诺日布）

诺日布又称"十二属相牌"或"曾大"，是蒙古族的一种传统益智游戏。

"诺日布"由布日罕（佛）、浩日劳（法轮）、僧格（狮子或麒麟）三个大力士（过去还有一种"嘎日迪"即凤凰大力士）和龙、蛇、马、羊、猴、鸡、猪、鼠、牛、虎、兔十二属相牌组成，"诺日布"（佛）为最大牌，其余按上述顺序排列到兔最小。将大力士和十二属相精心雕刻在四方和长方小木板上，厚度随意。每样四张牌，共60张牌。

诺日布牌的游戏规则：一般为3～6人玩。四人玩时，将牌背面朝上（看不到花样）洗均匀，五张牌为一摞顺排。每人依次拿走一摞，分三次拿完。为了表示敬意，让年长者、妇女或客人先拿牌。先拿牌者先出牌，先出牌者一次必须出同样花色的牌（1～4张），其他人若有同样数量的同花色牌，也可出。如其他人没有同数量的同花色牌，也要出四张杂牌。大家都出牌后，同时将牌翻开，相同花色的牌之间比大小，花色低者为输，杂牌为输；输方此次出牌均被花色最高同花色方赢进。然后按顺序由第二个人出牌，依次直到将牌出完。赢进最多牌数者获得最后胜利。也可以规定局数计算总的胜负。

诺日布牌的名称、牌的数量和游戏规则各地略有不同。诺日布牌是用不易开裂的硬质灌木雕刻而成的，图案和造型优美，是流传民间的精美民族工艺品。

七、大六牌

大六牌是蒙古族民间游戏中的益智游戏，源自于汉族的骨牌游戏。

大六牌是用硬质木材雕刻的长方形木牌，共36张牌。每张牌上都刻有不同方式排列的点子，点子数目不一样，牌的名称也不一样。如：两个点子的叫"素尤"，三个点子的叫"羔灯"，四个点子的叫"板凳"或"袜子"，五个点子的叫"塔布"，六个点子的叫"大羔灯"，七个点子的叫"道劳浩日"，八个点子的叫"齐八青"，九个点子的叫"衣素"，十个点子的叫"巴尔金"，十二个点子的叫"大六"。

具体玩法可分为"坐麦汗"（即坐庄用整副牌60张）和"对奴合"（即顶牛用半副牌30张）两种。

　　"坐麦汗"可以四个人或六个人分成甲、乙两方互相比赛。六个人玩时，每人各拿十张牌。先出者可以出单、双、三或四张同样点数的牌，对方如有更大的同点数同张数牌，可以压，若没有则应垫同张数杂牌，把这一轮出的牌按张数摞起来几垛。在这一轮里，谁的牌大（点数多的为大牌），赢得全部牌，并按参赛人数攒成摞。下一轮赢家先出牌，按顺序多家再压或垫。无论哪一方在这一局中能得六摞牌，则为胜方。四个人玩时，每人得15张牌，得八摞牌的一方为胜，也是五局三胜。

八、纸牌

　　纸牌用纸或骨做成，共48张。也有的为134张。由12种不同的动物、人物、纹样或数字组成，每种四张。一般为四个人一起玩，有许多种玩法。

14 世纪蒙古贵族下象棋

蒙古象棋子

元
瓷
高5.5厘米
内蒙古博物馆藏

棋子分别为童子骑狮、骑马造型。通体施白色釉或褐色釉。

木雕彩绘蒙古象棋（附棋盘）

清
木、皮
棋盘长50.5厘米　宽50厘米
棋子高3.8～7厘米
内蒙古博物馆藏

棋子共32枚，木雕人物、动物、并施彩漆。皮质棋盘。双方各有
一王、一将、二驼、二马、二车、八卒，共16枚，将大将雕成狮、
虎各一，小卒分别雕成公鹿和母鹿。

木雕彩绘蒙古象棋棋子——车

木雕彩绘蒙古象棋棋子——王

木雕彩绘蒙古象棋棋子——公马

木雕彩绘蒙古象棋棋子——母马

木雕彩绘蒙古象棋棋子——卒（鹿）

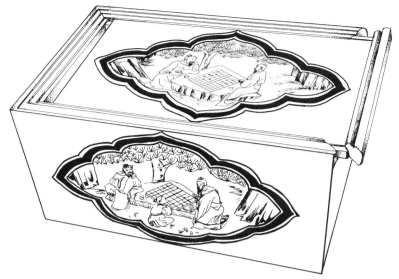

木雕彩绘蒙古象棋棋盒

清
木
原件藏于内蒙古博物馆

棋盒为长方形，上部为抽拉式盒盖，施红漆。
顶盖、两面彩绘仙人对弈图，两端面分别彩绘
狮、虎纹图案。

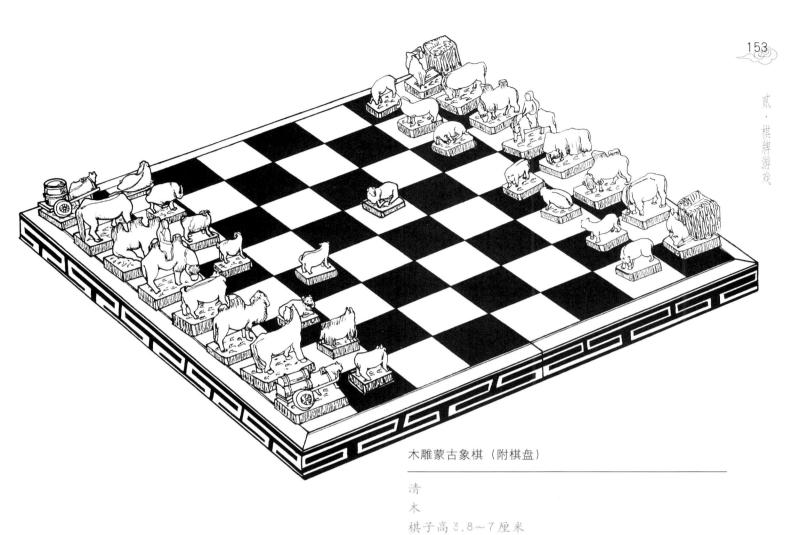

木雕蒙古象棋（附棋盘）

清
木
棋子高3.8~7厘米
原件藏于内蒙古博物馆

棋子共32枚，木雕人物、动物。木质棋盘。王雕成牧人骑马、大将雕成牦牛、黄牛各一，小卒分别雕成山羊和绵羊。

蒙古象棋棋盒

近代
木
长28.1厘米　宽14.2厘米
高4.4厘米
原件藏于内蒙古博物馆

棋盒展开可做象棋棋盘，折合可存放棋子。棋盘以黑白相间排列的64个正方格组成。

蒙古民族游乐文化

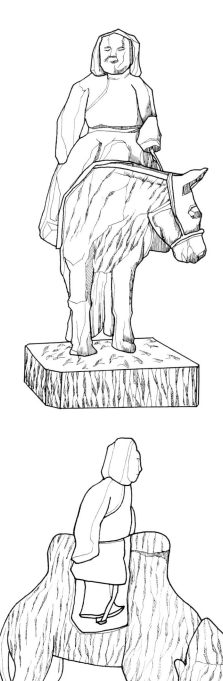

木雕蒙古象棋棋子——王

木雕蒙古象棋棋子——车

蒙古民族游乐文化

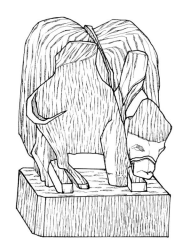

木雕蒙古象棋棋子——骆驼

木雕蒙古象棋棋子——马

木雕蒙古象棋棋子——将（黄牛、牦牛）

木雕蒙古象棋棋子——卒（胡）

木雕莲瓣纹座蒙古象棋

清
木
棋子高 3.5～8 厘米
原件藏于内蒙古博物馆

棋子共 32 枚，木雕人物、动物。木质棋盘。王雕成宝
座上的大汗，大将雕成狮、豹，车为法轮形状，小卒分
别雕成四面形或八面形佛塔，棋子造型生动别致。

蒙古民族游乐文化

木雕莲瓣足蒙古象棋——马

木雕莲瓣足蒙古象棋——骆驼

木雕莲瓣足蒙古象棋——王

木雕莲瓣足蒙古象棋——将

木雕莲瓣足蒙古象棋——车

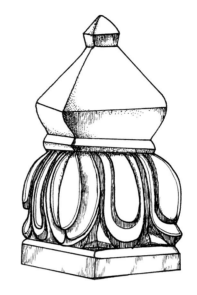

木雕莲瓣足蒙古象棋——卒

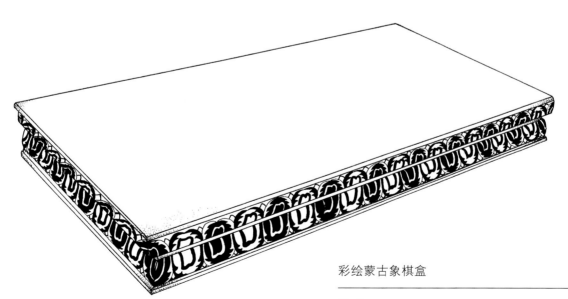

彩绘蒙古象棋盒

近代
木
长32.6厘米　宽33厘米　厚7.4厘米
原件藏于内蒙古博物馆

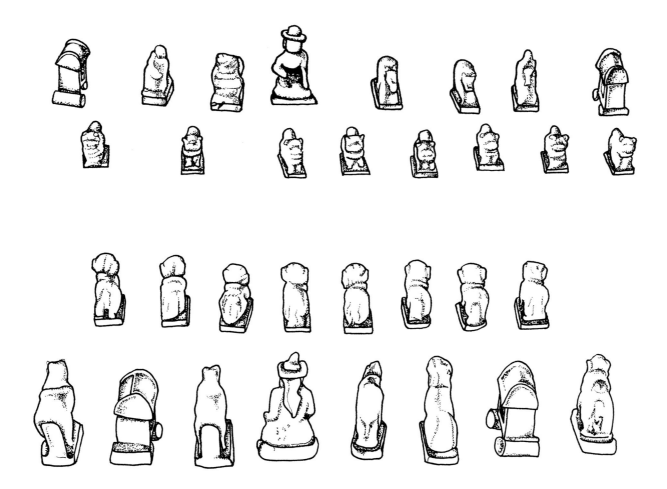

铜蒙古象棋

近代

铜

棋子高 3.2～7 厘米

原件藏于内蒙古博物馆

车

狮子

王

骆驼

马

卒（猎狗）

青玉蒙古象棋（附棋盘）

清

青玉

棋子高 3.2～7 厘米　棋盘长 32 厘米　宽 32 厘米

内蒙古大学民族博物馆藏

各种蒙古象棋及棋盘

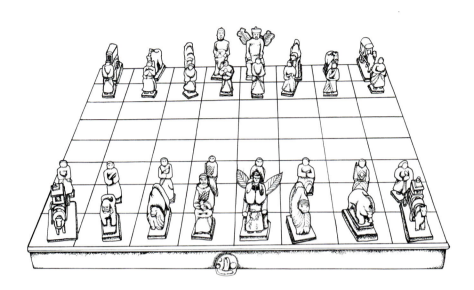

蒙古象棋及棋盘

木雕蒙古象棋子采用圆雕刀法与线刻刀法相结合，随意赋形，百子百态。

蒙古象棋棋盘方桌

清

木

高28.5厘米　长32厘米

原件藏于内蒙古博物馆

彩绘蒙古棋牌桌

清

木

原件藏于内蒙古师范大学博物馆

客人和年长者先走棋

对弈

蒙古象棋的弈法

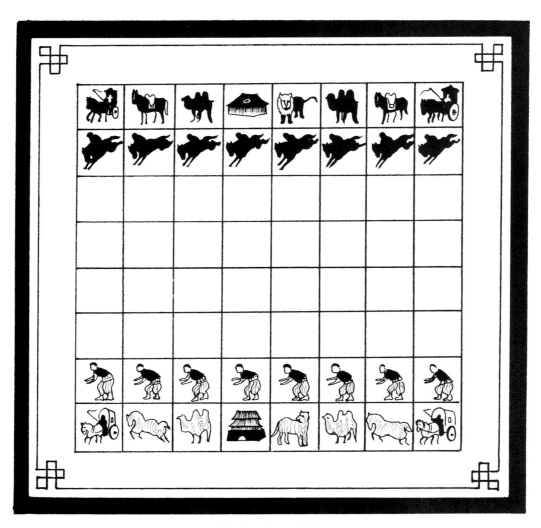

蒙古象棋在棋盘内的摆法

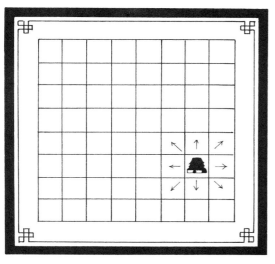

诺颜（王）每次只走一格，直、横、斜都可以走。

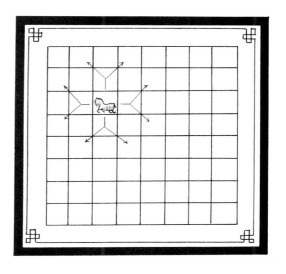

毛日（骏马）可走到它不在直、横或斜线的最近的格子之一。

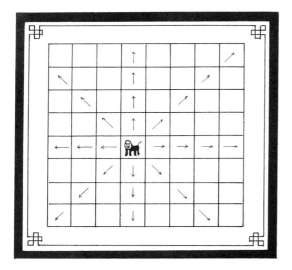

波日斯（虎将）走直线或横线，格数不限。

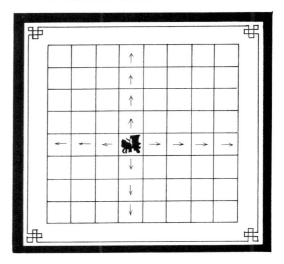

杭盖（轻车）顺横格或直格走横线或直线，在移动中不能变换方向，步数不限。

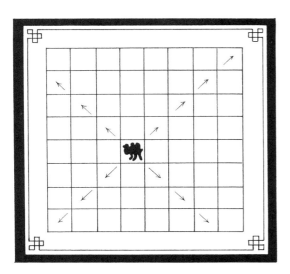

特默（骆驼）走斜线，步数不限，可以走到斜线上任意一个格。

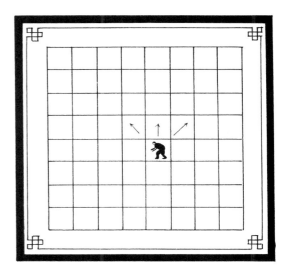

胡（卒）只能向前走，不能后退。

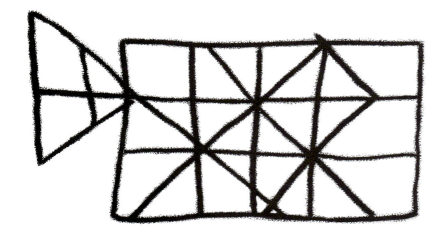

锡林郭勒盟贺斯格音乌拉岩画中的棋盘

高18厘米　宽24厘米

是一幅未刻就的岩画。左端刻一三角形的山，棋盘呈长方形，内分12个小方格，右边三角形的山未刻出。

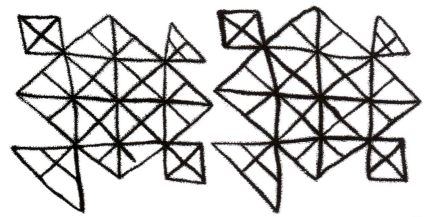

锡林郭勒盟贺斯格音乌拉岩画中的棋盘

高51厘米　宽55厘米

由两个形状相同的鹿棋盘组成。棋盘为正方形，内有24个点，两角为菱形，另两角为三角形。

狼食羊棋子

元
瓷
高4.5厘米　长7.5厘米
内蒙古博物馆藏

棋子共6枚，其中5枚为白釉羊，1枚为褐釉狼。

蒙古民族游乐文化

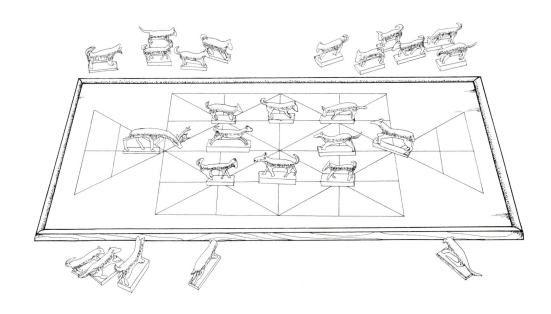

木雕鹿棋（附棋盘）

清
木
棋子高2.8～8.6厘米
棋盘长60厘米　宽40厘米　高2.2厘米
内蒙古博物馆藏

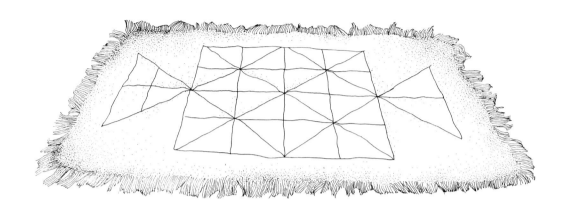

木雕鹿棋及布质棋盘

近代

木、布

棋子高4.4～6.9厘米　棋盘长62厘米　宽46厘米

原件藏于内蒙古博物馆

蒙古民族游乐文化

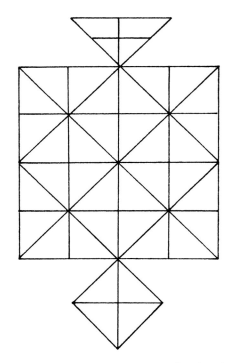

悬崖

山

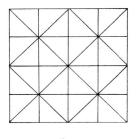

草原

最常见有悬崖、山和草原的"二十四"鹿棋盘

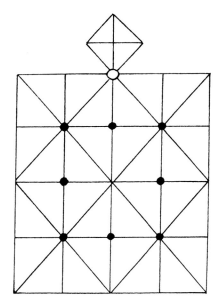

"十二"鹿棋盘，由悬崖、草原构成。棋子有1只鹿、12只狗（开始摆8只）。

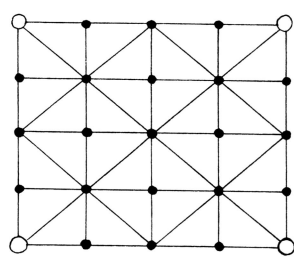

"二十"鹿棋盘，由草原构成。棋子有4只鹿、20只狗。

"二十四"鹿棋盘，由草原、两座悬崖构成。棋子有1只鹿、24只狗（开始摆8只）。

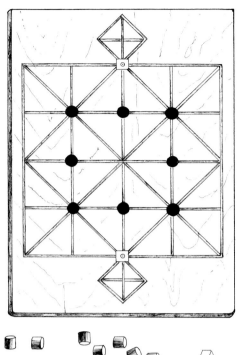

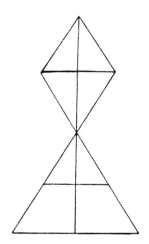

"七"鹿棋盘，棋盘由悬崖、山构成。棋子有1只鹿、7只狗。

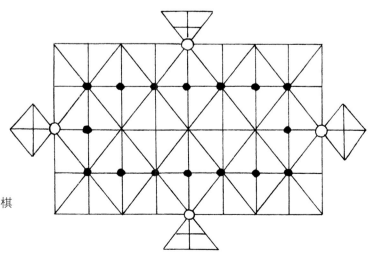

"四十八"鹿棋盘，两座山、悬崖。棋子有4只鹿、48只狗（开始摆16只）。

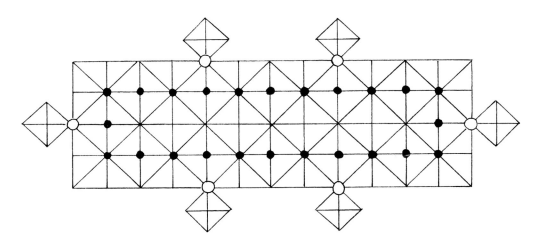

"六十"鹿棋盘，六个悬崖和草原。棋子有6只鹿、60只狗（开始摆32只）。

"四十八"鹿棋盘，四座山。棋子有4只鹿、48只狗（开始摆16只）。

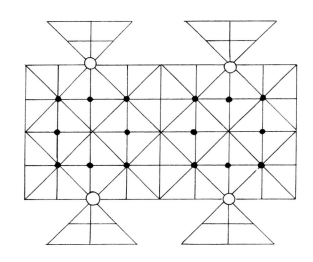

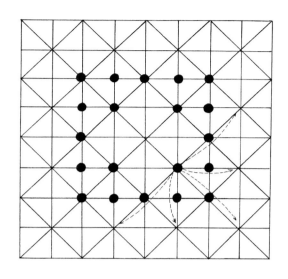

"六十四"鹿棋盘，无山、无悬崖，只有草原，因此也称 "草原鹿"棋盘。棋子有4只鹿、64只狗（开始摆32只）。

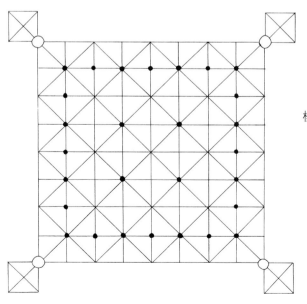

"六十四"鹿棋盘，由悬崖、草原构成。棋子有4只鹿、64只狗（开始摆32只）。

蒙古民族游乐文化

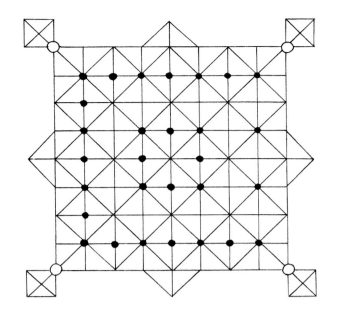

"六十四"棋盘，由悬崖、草原构成。棋子有4只鹿、64只狗（开始摆32只），玩法与 "二十四"相同。

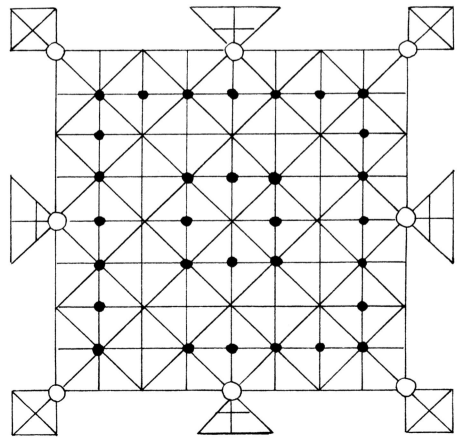

"六十四"鹿棋盘，由悬崖、山、草原构成。棋子有8只鹿、64只狗（开始摆32只）。

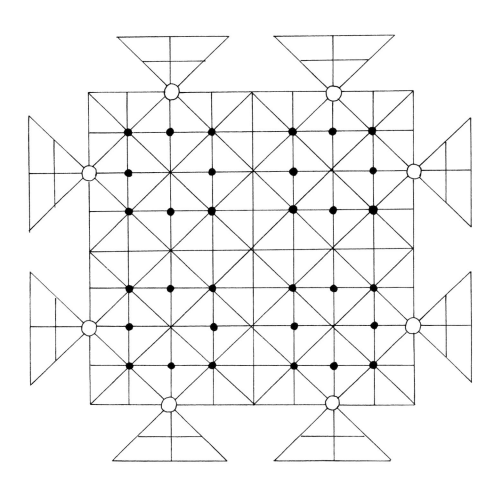

"六十四"鹿棋盘，由山、草原构成。
棋子有 8 只鹿、64 只狗（开始摆 32 只）。

三　连儿棋

连儿棋子用羊髌骨制成，分别涂成两种颜色。

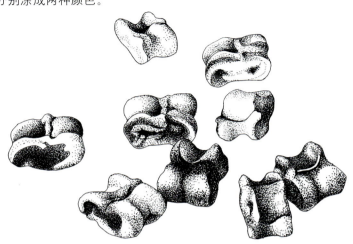

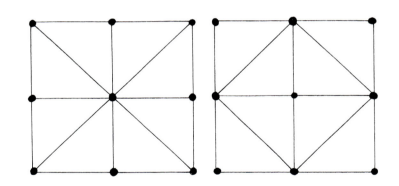

连儿棋盘，游戏时每人持
3 个不同的棋子。

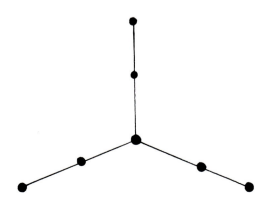

"水连儿"棋盘，由三条线构成，每
两条边间隔120度，游戏时每人持3个不
同的棋子。

"帽子连儿"棋盘，由于外形
像帽子而得名。游戏时每人持3个
棋子。

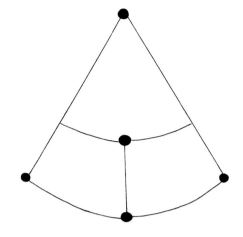

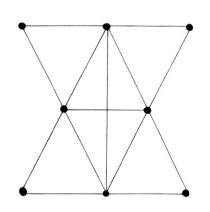

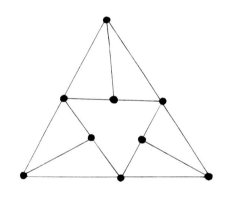

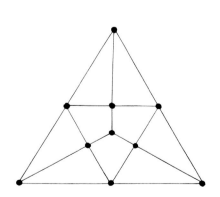

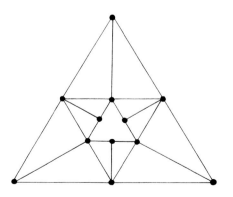

由三角形构成的连儿棋盘，游戏时每人持4个棋子。

蒙古民族游乐文化

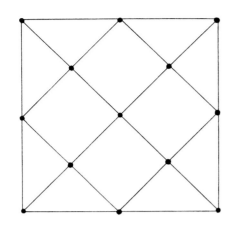

网形连儿棋盘。游戏时每
人持6个棋子。

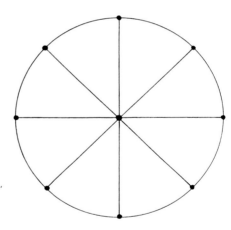

圆形连儿棋盘，也称＂智慧吉日格＂，
每人持6个棋子。

六角星形连儿棋盘，游戏时每人
持9个棋子。

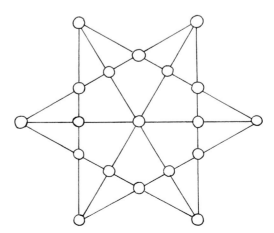

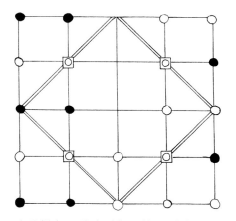

连儿棋盘，游戏时每人持10个棋子。

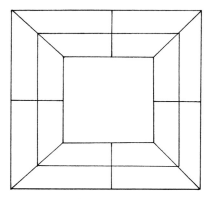

连儿棋盘，游戏时每人持12个棋子。

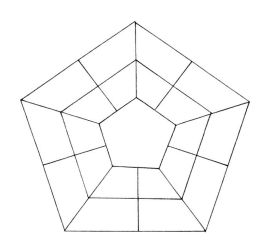

五边形连儿棋盘，游戏时每人持12个棋子。

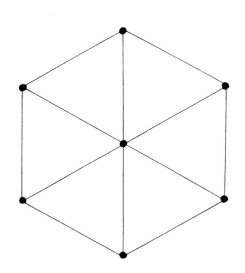

六边形连儿棋盘，游戏时每人持三个棋子。

蒙古民族游乐文化

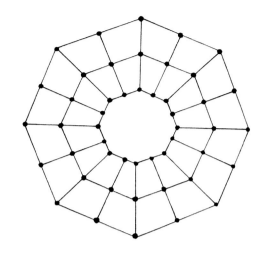

八边形连儿棋盘，游戏时每人持
23 个棋子。

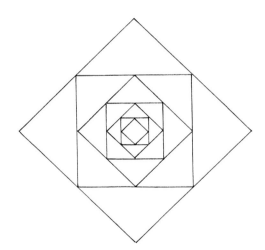

七个正方形组成的连儿棋盘，
游戏时每人持 16 个棋子。

"黄鹂连儿"棋盘，由三个三角形套
接而成，因每个角像鸟嘴而得名。游戏
时每人持 8 个棋子。

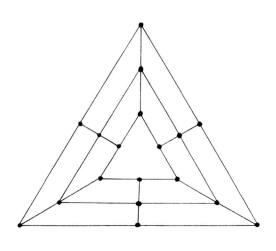

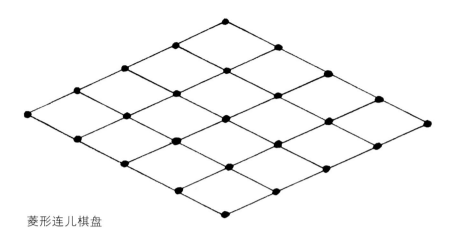

菱形连儿棋盘

三角形连儿棋盘，格数越多，每
人所持的棋子越多。

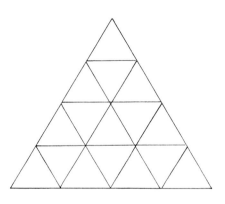

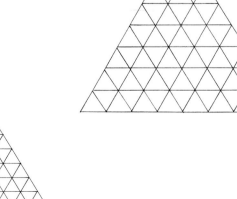

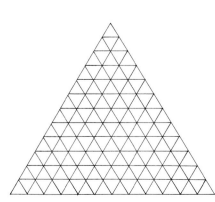

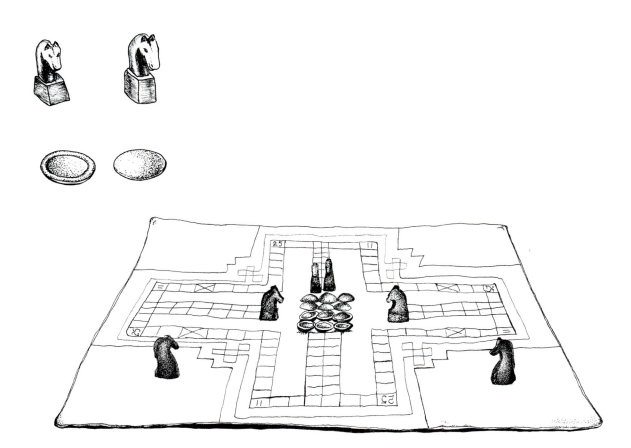

帕尔杰棋盘及棋子

近代

木、布、铅

布质棋盘长44厘米　宽44厘米

马首棋子高3.8厘米　铅子直径1.1厘米

原件藏于内蒙古博物馆

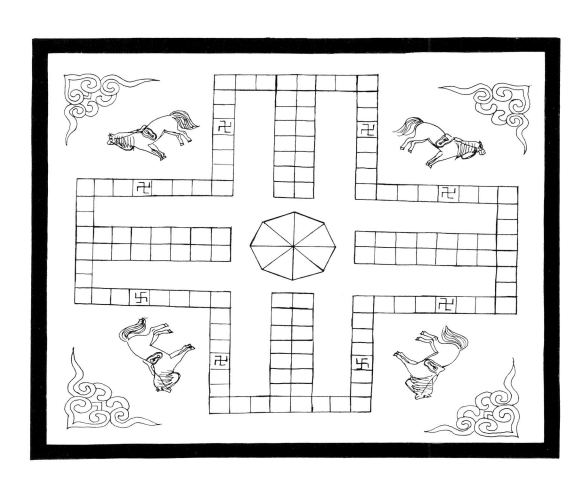

帕尔杰棋盘及棋子

近代

木、布、铅

布质棋盘长45厘米　宽45厘米

马首棋子高4.2厘米　铅子直径2.4厘米

原件藏于内蒙古博物馆

蒙古国藏木质帕尔杰棋盘及贝壳棋子

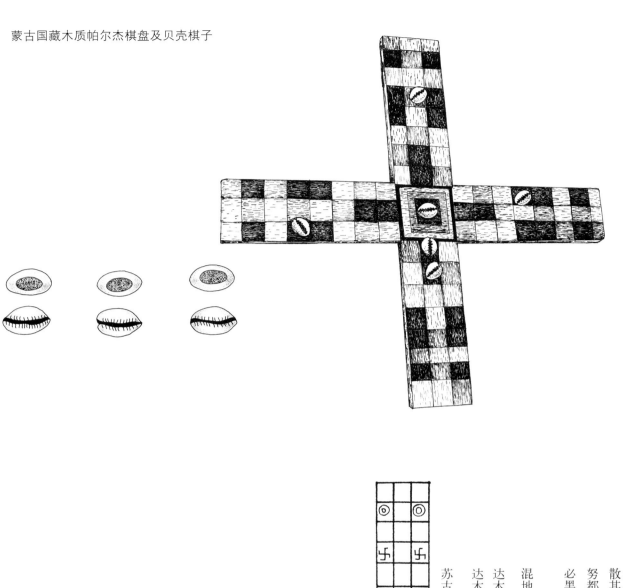

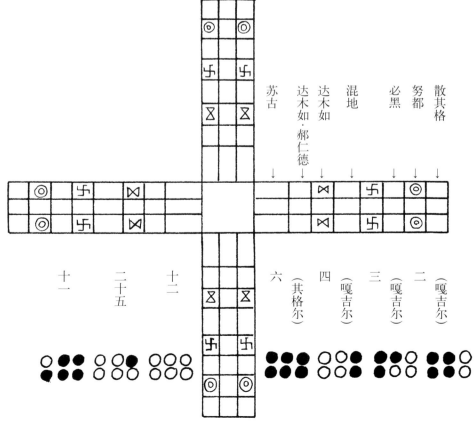

散其格

努都

必黑

混地

达木如

达木如 郝仁德

苏古

↓ ↓ ↓ ↓ ↓ ↓ ↓

十一

二十五

十二

六（其格尔）

四（嘎吉尔）

三（嘎吉尔）

二（嘎吉尔）

（嘎吉尔）

帕尔杰棋盘的棋眼名称

 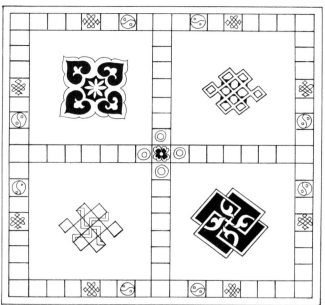

"套日古乐"棋盘

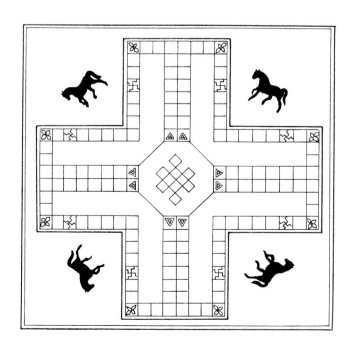 

各种帕尔杰棋盘

牛角棋棋盘

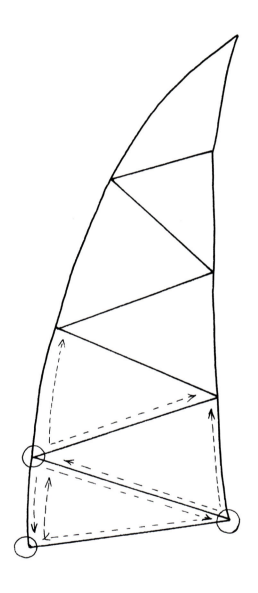

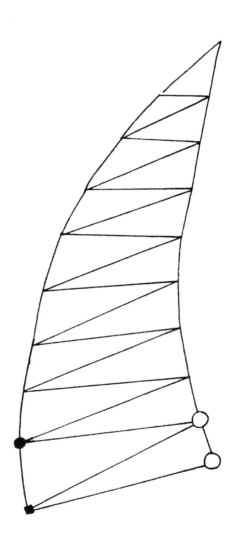

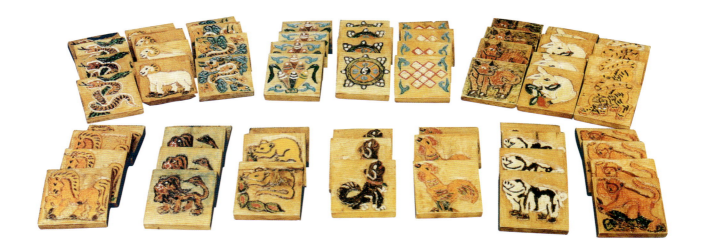

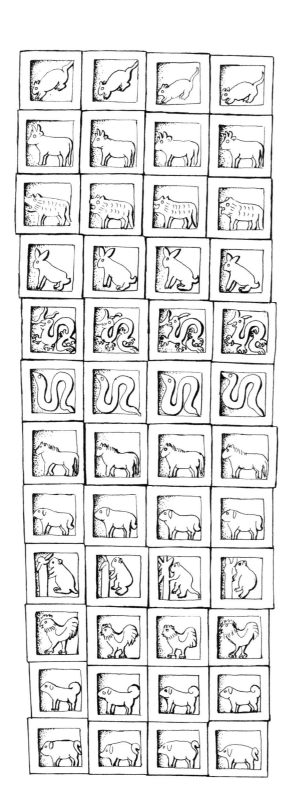

诺日布

近代
木
单片长3.1厘米　宽3.1厘米　厚0.6厘米
内蒙古博物馆藏

蒙古民族游乐文化

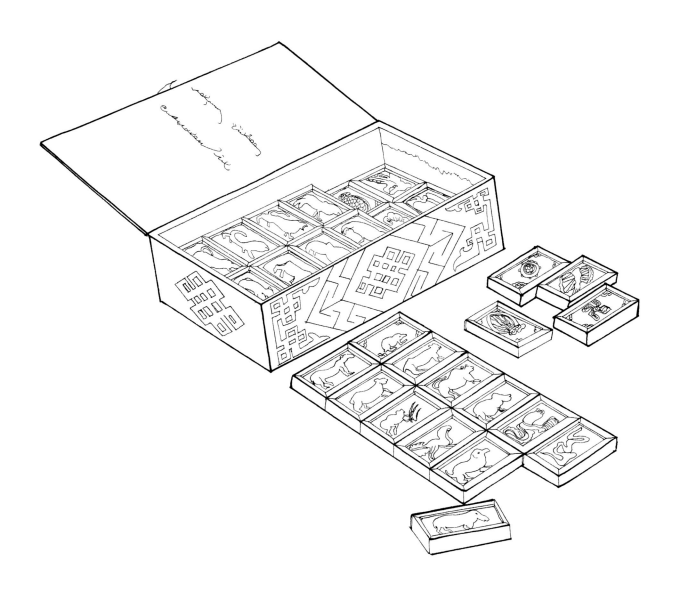

木刻盘肠法轮纹诺日布（附牌盒）

近代
木
单片长3.7厘米　宽2.5厘米
厚0.7厘米
原件藏于内蒙古博物馆

近代

木

长18厘米　宽8厘米　高10厘米

原件藏于内蒙古博物馆

贰·棋牌游戏

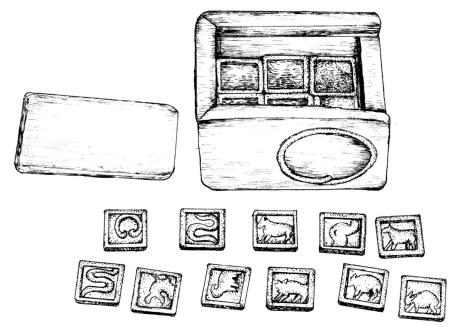

诺日布牌（附牌盒）

近代

木

长20厘米　宽9厘米　高10厘米

原件藏于内蒙古博物馆

八　纸牌

方形彩绘纸牌

近代
长9厘米　高7.3厘米
原件藏于蒙古国民间

每套纸牌有134张，包括1只狮
子、2只老虎、1只狐狸、1只猎
鹰、32只兔子、64只小鸟。

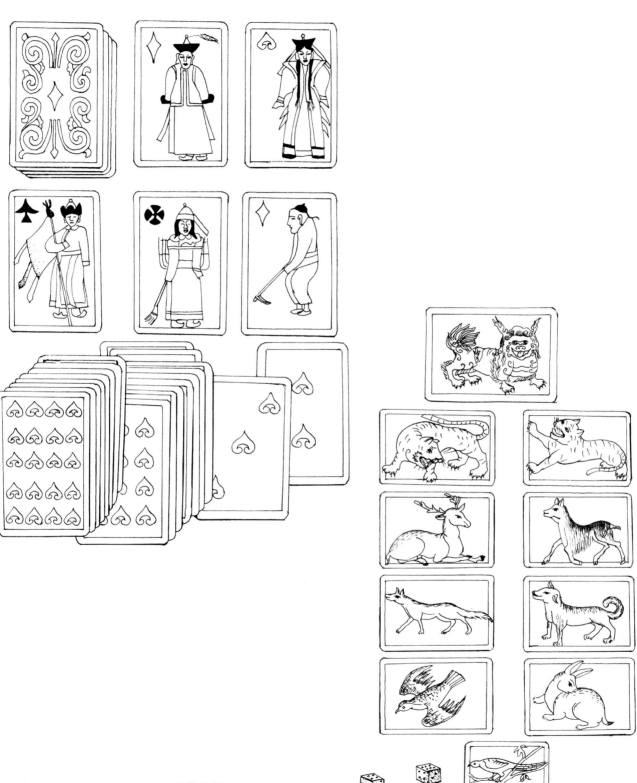

纸牌纹样

一、吹管乐器

（一）龙笛

蒙古族、满族传统乐器，又称龙头笛、"梅"。流行于内蒙古、辽宁、吉林、山西等地。

龙笛为竹或木制，龙形，外表涂深棕、红或绛黄色漆。宫廷用者雕龙头、龙尾。《元史·礼乐志》载："龙首者，制如笛，七孔，横吹之，管首制龙头衔同心结带。"清代宫廷使用的龙笛多为木制。管身向下凹，两端雕有向上弯曲的龙头和龙尾。民间使用的龙笛，不雕龙头、龙尾。满族于管下端系红丝结，蒙古族于管上端系红丝结。内蒙古牧区多用不加膜的七孔笛，农区、半农半牧区用十孔笛。可用于伴奏、合奏和独奏。龙笛是东北和内蒙古自治区二人转、二人台的主要伴奏乐器。

（二）林比

蒙古族吹奏乐器。蒙古语"林比"即笛子。因常用于放牧时吹奏，又名牧笛。流行于内蒙古和辽宁、吉林、青海等地。

元代，牧笛就在蒙古族聚居地区流行。内蒙古自治区赤峰市元宝山出土的元代壁画《宴乐图》中有演奏牧笛的画面。牧养人吹奏牧笛，还起到信号的作用，羊群闻声即聚集在牧人周围。

林比有竹制、木制和骨制三种。管长20～30厘米，直径约3厘米。民间大多使用六个按孔的林比。演奏时，双手持笛，横吹。其打指、颤指的演奏富有蒙古族长调独特风格，抹指、滑指的演奏具有马头琴滑奏的韵味。

（三）胡笳

蒙古族吹奏乐器。民间又称"绰尔"。原始的胡笳是将芦苇叶卷成双簧片状或圆锥管形状，首端压扁为簧片，成为簧、管一体的吹奏乐器。《太平御览》引《蔡琰别传》载："笳者，胡人卷芦叶吹之以作乐也，故谓曰胡笳。"

胡笳曾出现过多种变化。最早由芦苇叶的管身改为芦苇秆的管身，将芦苇上端压扁后呈双簧形，管身与簧片仍为一体。外形与维吾尔族双簧单管乐器巴拉曼（又称皮皮）相似，但管身未开按音孔。后来出现了簧片与管身分开的胡笳，仍然都是用芦苇管制作，簧片可更换。汉代有两种胡笳：一种是管身与簧片分开，芦苇管上开有三孔的胡笳，广泛流行于蒙古高原地区；另一种是张骞通西域后传入中原的木制管身、三孔、芦苇簧的胡笳，在南北朝以后这种胡笳逐渐被七孔筚篥所代替。唐代盛行以羊骨或羊角为管、管身无孔的哀笳，管身比胡笳短，流行于塞北及河西走廊一带，直至宋代。辽、金两代的鼓吹乐队用笳多达24支。《元史·礼乐志》中有"羌笛，三孔"的记载，可能是指胡笳。明代北元蒙古宫廷音乐中一直使用胡笳，林丹汗败亡后，胡笳随之进入了清朝宫廷。《清会典》载："太宗文帝平定察哈尔，获其乐，列于燕乐，是曰蒙古乐曲。"清《皇朝礼器图式》记载："木管三孔，两断加角，末翘而上，口哆（张口）。"至民国初年，内蒙古各地王府乐队中仍使用胡笳。1985年，在新疆阿勒泰地区汗达嘎图蒙古族自治乡发现了木制三孔胡笳，定名为"阿勒泰胡笳"。

演奏胡笳时，双手持管，管身竖置，双手食指、中指分别按在三个音孔。上端管口贴近下唇，吹气发音。演奏技巧独特，多用于吹奏蒙古族长调乐曲。人们在放牧、祭敖包和集体娱乐活动时，用胡笳吹奏思念家乡、赞美山川、悼祭故人的乐曲。

二、拉弦乐器

（一）奚胡

蒙古族拉弦乐器。流行于内蒙古东部和辽宁、黑龙江等地。

奚胡外形较小，长约50厘米。琴筒用木或金属制成，长约10厘米，直径7厘米，前口盖桐木薄板。琴杆用硬木制作。圆锥形弦轴，张丝弦或羊肠弦两根。弧形竹弓系马尾，长40厘米。现仍有个别老艺人使用。

（二）朝尔

蒙古族拉弦乐器。又称"锡纳干朝尔"（意为琴箱呈杓形的琴）。流行于内蒙古兴安盟、通辽市、赤峰市、巴彦淖尔盟和阿拉善盟等地。

朝尔由琴箱、琴首、琴杆、弦轴、琴码、琴弦和琴弓等组成。琴箱用硬杂木制作，样式较多，有上宽下锐的倒梯形，铁铲样式的长方形，还有瓢形或杓形。琴箱一面或两面蒙羊皮或马皮，面宽20厘米左右。双面蒙皮时用皮绳交叉连接绷紧。仅正面蒙皮的背面蒙以薄木板，板中央开有圆形出音孔。琴首、琴杆用一整块硬杂木制作，全长95厘米左右。琴首多雕刻螭（古代传说中的一种动物，龙属）头、螭马双头等。琴首下方开弦槽，两侧对置各一个圆锥形（或扁耳形）硬木弦轴，琴杆细长，前平后圆。皮面中央稍上方置木制桥形琴码。以两束马尾从弦槽下边的螭口中穿出为弦。琴弓的弓杆为木制直杆，两端系以马尾弓毛，弓毛不绷紧。

朝尔是民间艺人演唱英雄传奇、民间故事及叙事长诗的主要伴奏乐器，也是蒙古族喜庆婚宴、那达慕、祭敖包等常用乐器。近代也用于演奏传统民歌改编的独奏曲。

（三）马头琴

蒙古族拉弦乐器。因琴首雕饰马头而得名。又称"莫林胡兀儿"、"胡兀儿"。流行于内蒙古、辽宁、吉林、黑龙江、甘肃、新疆等地。

马头琴从拉弦乐器胡琴演变而来。早在成吉思汗时（1155～1227年）已在草原流传。蒙古文《成吉思汗箴言》中有"您有抄儿，胡兀儿的美妙乐奏"之句。12世纪中叶，在胡琴原形的基础上，出现了琴杆、倒梯形双面蒙皮琴箱、马尾弦和马尾弓的蒙古族拉弦乐器朝尔。民国初年，朝尔的琴首改为马头，琴箱变为下宽上窄的正梯形。

马头琴由琴箱、琴首、琴杆、弦轴、琴码、琴弦和琴弓等组成。琴箱正梯形，也有六角形或八角形的，框板多使用色木、榆木、花梨木或其他硬木制成。上下框板开有装入琴杆的通孔，左右侧板开出音孔。琴箱双面蒙以马皮、牛皮或羊皮，上面彩绘蒙古族传统图案。琴首、琴杆通用一整块色木、花梨木、红木或松木制成。琴首雕刻精致的马头。弦槽后开，多有槽盖，两侧左、右各横置一个弦轴（又称把子）。弦轴用黄杨木或琴杆木料制作，轴杆为圆锥体，轴柄为圆锥形、八方形、瓜棱形或扁耳形。弦轴柄外表刻有直条瓣纹，便于拧转。琴杆为半圆柱状体，前平后圆。皮面中央置木制桥形琴码。张两条马尾弦，两端用细丝线扎住，上端缠于弦轴，下端系于琴底的尾柱。用藤条或木料制作琴杆，两端拴以马尾为弓毛。

传统马头琴多为就地取材、自制自用，用料和规格尺寸并不统一。通常分为大、小两种，分别适用于室外和室内演奏。大马头琴全长 100～120 厘米，琴箱长 26～30 厘米，下宽 22～28 厘米，宜室外演奏使用；小马头琴全长 70 厘米左右，琴箱长 20 厘米、下宽 18 厘米左右，宜室内演奏使用。马头琴箱的正、背两面都蒙皮膜，这与常见拉弦乐器正面蒙皮、背面设音窗或开口明显不同。用马尾弓摩擦马尾弦，音色甘美、浑厚、悠扬、动听，在中外拉弦乐器中独树一帜。

按照蒙古族的风俗，马头琴制成之后要举行仪式：将马头琴置于桌子中央，盖上哈达。由请来的琴师揭去哈达，用黄油涂抹琴身。向马头琴鞠躬，举起盛满鲜奶的银碗，朗诵祝词，希望长生天赐予这把马头琴美妙动人的音色。

演奏马头琴时取坐姿，琴箱夹于两腿中间，琴杆偏向左侧。左手虎口稍张开，拇指微扶琴杆。其余手指按弦，右手操弓。马头琴除作为独奏乐器外，常用于说唱、民歌和舞蹈伴奏，也可与四胡等乐器合奏。传统马头琴音量较小，20 世纪 50 年代马头琴演奏家与乐器制作技师合作，先后研制成了高音马头琴、木面马头琴、中音马头琴、膜板马头琴和木面中音马头琴等。适宜演奏悠长辽阔的旋律和为蒙古族长调民歌伴奏。

蒙古族有许多杰出的马头琴演奏家，他们为继承、发扬马头琴艺术作出了宝贵贡献，如：色拉西、巴拉干、桑都仍、齐·宝力高等。马头琴的传统曲目风格多样，富于草原特色。一千把马头琴齐奏《万马奔腾》创造了吉尼斯世界纪录，2007 年马头琴进入奥地利金色大厅与现代交响乐队合奏引起了轰动。

（四）叶克勒

蒙古族拉弦乐器。又称"叶尔克勒"。音色明亮，用于独奏娱乐或为民间歌舞伴奏，流行于新疆阿勒泰地区布尔津县。

琴身木制，多用当地所产硬木制作，全长98厘米。琴箱以整木挖成倒置的半梨形状，其上蒙以松木薄板或鱼皮。琴箱纵长35厘米、中宽16厘米。琴首有雕饰或呈扁方柱形，下开长方形弦槽，两侧各置一轴。弦轴由硬木制成，圆锥形。琴杆细长，上窄下宽，前平后圆，正面为按弦指板，不设品位。琴箱中部置木制桥形琴码。张两束粗细不同的马尾弦，琴弦下端系于缚弦上。琴弓用细木棍弯曲成半圆形，两端拴一束马尾而成，弓长58厘米。

演奏时采用蹲跪姿势，演奏者多为女性。将琴尾置于地面，奏者两腿一蹲一跪，左手按弦，右手执弓。民间常以叶克勒自弹自娱或为舞蹈伴奏。

（五）四胡

蒙古族四胡，是蒙古族、达斡尔等族的拉弦乐器。蒙古语称"胡兀尔"，意为四弦胡琴。流行于内蒙古、辽宁、吉林、黑龙江和华北等广大地区。

蒙古族四胡起源于我国古代北方的拉弦乐器奚琴，宋代陈旸《乐书》中载，"奚琴本胡乐也"。13世纪后，四胡已在蒙古族聚居地区流行。清代宫廷音乐"番部合奏乐"中的细杆四弦，已与现代流行的蒙古族四胡基本相同。

蒙古族四胡常使用红木、紫檀木制作，琴筒八方形，蒙以蟒皮或牛皮为面。弦轴和轴孔均无锥度，利用弦的张力压紧弦轴。根部装骨或木制旋钮，张丝弦或钢丝弦。有的还在琴杆、琴筒上镶嵌螺钿花纹为饰。细竹系以马尾为琴弓，弓杆中部包以长10厘米铜皮或镶钢片、象牙。有低音四胡、中音四胡和高音四胡三种。

1. 低音四胡

低音四胡又称大四胡和好来宝四胡，流行于内蒙古哲里木盟、昭乌达盟和兴安盟等牧区和半农半牧区。

为便于在马上携带，牧区的低音四胡可以拆装成几个部分，即一个琴筒、两截琴杆、弦轴和琴弓等。早期琴筒用整段木料掏空形成圆筒，筒长30厘米、直径15～20厘米，筒前口蒙以羊皮、马皮或牛犊皮，筒后端敞口。现在琴筒多用硬木板拼成圆形、六角形或八角形。琴杆木制，多为两截，全长110厘米，张四条肠衣弦、丝弦或铜弦。琴弓用木料或柳条作杆，系以马尾，弓长85厘米。

演奏低音四胡时，将其置于左腿上部，琴头稍向左方，左手持琴按弦。右手执弓演奏。主要用于蒙古族说唱好来宝和演唱乌力格尔伴奏。

2. 中音四胡

流行于内蒙古、辽宁、吉林、黑龙江等地。

琴筒呈圆筒形，用薄黄铜板卷焊而成，筒长16厘米、直径10厘米。筒前蒙以蟒皮或牛皮为面，筒外用铜箍紧固，筒后端敞开，口内设铜制边框。琴首、琴杆用整块木料制成，全长90厘米。琴杆长80厘米。张四根丝弦或铜弦。细竹系马尾为弓，长78厘米。

中音四胡用于说书、演唱伴奏、独奏或合奏。是四胡重奏和民乐合奏的主要中音乐器。

3. 高音四胡

又称小四胡，流行于内蒙古、辽宁、吉林、黑龙江等地。

琴筒为竹或木制，呈椭圆形或八角形，张四根羊肠弦或丝弦。20世纪60年代，四胡演奏家孙良、朝鲁和制琴技师张纯华等在民间小四胡基础上，参照低音四胡和中音四胡，不断改良，将高音四胡统一为现有形制。琴身长80厘米。琴筒长14厘米，一端蒙蟒皮或牛皮。弦轴长17厘米，张四根金属弦。弓长78厘米。音色清脆、优美，音量较大。用于独奏或重奏。演奏时左手扶琴按弦，右手弓法与二胡相近。

三、弹拨乐器

（一）二弦

蒙古族、满族弹拨乐器。蒙古语称"托甫秀尔"。流行于新疆博尔塔拉蒙古族自治州、内蒙古、辽宁、吉林等地。

13世纪，《马可·波罗游记》在记述内蒙古音乐时曾提到二弦。清代《钦定皇舆西域图志》也有二弦的记载和图样。

传统托甫秀尔为木制，全长75厘米。琴首为龙，弦轴左右各一。长颈，长方形琴箱，上宽22厘米，上盖薄木板为面。面板中部开圆形音孔，琴首两侧各置一轴，张两条丝弦。

演奏时采用坐姿，将琴身斜横胸前，琴箱置于右腿上。左手持琴，五指均可按弦。右手用拇指上挑，其余四指弹琴弦发音。常用于独奏或合奏民歌、民间舞蹈和诗史《江格尔》弹唱伴奏。

（二）三弦

蒙古、满、汉、彝、白、哈尼、基诺、景颇、傣族等弹拨乐器。因张三根琴弦，故名。蒙古族曾称"胡兀不尔"，今称"修拉打古"，意为弦子。流行于内蒙古、甘肃、辽宁、吉林、黑龙江、云南、四川、广西、广东、河南等地。

三弦有从秦代弦鼗（拨浪鼓）演变而来之说。四川省广元县罗家桥一、二号墓出土的南宋伎乐石雕中有演奏三弦的场景，其中的三弦是目前所见最早的三弦。辽宁凌源县富家屯元代墓壁画中，一位身着便服的蒙古官员正在举行家宴，他端坐在椅子上，意趣盎然地演奏着三弦。其三弦的形状与现在的三弦类似。

三弦是我国弹拨乐器中流行最广的民族乐器，有大、中、小三种。大三弦、中三弦流行于蒙古、满、汉等民族，小三弦则盛行于西南地区少数民族。各少数民族在三弦演奏方法上有许多独创，其风格和汉族弹奏迥异。

北方传统大三弦，用硬木制作，通体长约120厘米，琴杆为指板。张三根丝弦。琴箱状如龟盘，两面蒙莽皮。

演奏三弦时采用坐姿，两腿自然分开，右腿稍向外伸，或将右腿搭在左腿上。左手轻托琴杆，斜置于胸前，食指、中指、无名指按弦。右手拇指、食指弹拨或戴假指甲弹奏。用于演奏、伴奏或合奏。

（三）蒙古族琵琶

蒙古族弹拨乐器。曾用于古代军队、宫廷乐队的歌舞伴奏。流行于内蒙古、新疆、辽宁、吉林、黑龙江、河北等地。

元代琵琶是军队和宫廷乐队的主要乐器之一，用于为歌舞伴奏。《历代旧闻》载："倒喇传新曲，瓯灯舞更轻，筝琶齐入破，金铁作边声。"清代宫廷的"番部合奏乐"中，琵琶有一个固定席位。

蒙古族琵琶形制与中原汉族所用琵琶相同，但装饰风格仍保持着蒙古民族特色。琴箱呈半梨形，用硬木挖出瓢形腹腔，上蒙桐木薄板。琴首较长，45度角斜向后方，中间开正方形弦槽，两侧横置四弦轴（左右各二）。面板中部两侧各开一个弯月形对称音孔。音孔的上、下和面板四边缘绘有云纹图案。张四条丝弦。

（四）火不思

蒙古族、纳西族弹拨乐器。曾译名"虎拔丝"、"琥珀词"、"色古都"、"胡拨"等，又称"浑不似"。流行于内蒙古、甘肃北部及云南丽江纳西族自治县等地。

火不思最早见于1905年新疆吐鲁番招哈和屯发掘的唐代高昌古画。其中有一个儿童抱弹四个弦轴同设一侧的弹拨乐器，其形制与后世火不思近似。宋代俞琰《席上腐谈》载："王昭君琵琶坏，使胡重造，而其形小，昭君曰：'浑不似'。今讹为和必斯。"宋代陶宗仪《辍耕录》载："达达乐器有浑不似。"元代，火不思列入国乐。《元礼乐志》载："火不思，制如琵琶，直颈无品，有小槽，圆腹如半瓶榼，以皮为面，四弦皮绯，同一孤注。"明代火不思继续在蒙古族中流传。沈宠绥《度曲须知》载："明朝北调伴奏乐器中有臻、筝、浑不似。"清代《大清会典图》载："火不思，四弦，似琵琶而瘦，桐柄梨槽，半蒙蟒皮，柄下腹上背有棱，如芦节，通长二尺七寸三分一厘一毫。"民国初年，昭乌达盟喀喇沁王府乐队中仍使用火不思。

20世纪60年代，内蒙古自治区音乐工作者和制琴技师依据文献资料，研制成功新型火不思。新型火不思琴首顶端犹如箭筒，其上雕一张搭箭大满弓，琴首右侧并列四个琴轸，状如四根箭翎。

琴箱为扁葫芦形，内腔较传统的琴箱增大近两倍。将硬木为背、面部蒙皮的传统琴箱改为全木制的琴箱。用桐木薄板作为面板，背板和框板使用色木制作，面、背板中部作拱形凸起。琴箱绘有装饰图案。面板中下部两侧开有云纹音孔。

演奏时，奏者可坐姿或站姿，将琴身横于身前，琴首斜向左上方，琴箱置于右腿近腹处或夹于右腋下，左手持琴、按弦，右手执骨制拨子或拇指、食指戴假指甲弹奏。新型火不思音色柔和、优美。可用于弹唱、独奏、合奏或为歌舞伴奏。

（五）蒙古筝

蒙古族弹拨乐器，又称"雅托噶"。流行于内蒙古、辽宁以及吉林蒙古族聚居地。

13世纪初，元代宫廷和民间已有十三弦和十四弦筝。《元史·礼乐志》载："宴乐之器，筝，如瑟，两头为垂，有柱，十三弦。"明清以来，内蒙古民间、王府、寺庙中普遍流行弦数不一的蒙古筝。如内蒙古自治区伊克昭盟有十弦、十三弦蒙古筝；乌兰察布盟有十三弦、十四弦蒙古筝；锡林郭勒盟有十二弦蒙古筝；科尔沁草原多用十二弦和十三弦蒙古筝。近代改良的有十二弦蒙古筝、十六弦中音蒙古筝和二十一弦低音蒙古筝。

琴师演奏传统蒙古筝时，席地盘腿，琴体平置于身前，或将琴首置于奏者右腿中上部，尾端触地。有的在琴底部四角设置10厘米的琴脚，平置于地，或置木架、高台上。右手拇指、食指、中指戴骨制指甲拨子弹拨。左手食指、中指或中指、无名指按弦，亦可食指戴骨制拨子与右手交替弹拨。

四、打击乐器

（一）拍板

蒙古族、满族、汉族打击乐器。流行于中国北方地区。

拍板原为中国北方少数民族乐器，唐代段安节《乐府杂录》载："夷部乐"有铁拍板、壶芦笙。元代的宫廷乐器就有拍板。《元史》载："拍板制以木板，以绳联之。"清代广泛用于宫廷和民间。在草原文化影响下，拍板的形状发生了变化，第一块板上端装饰了马头，既方便了握持，又增加了装饰性。在成吉思汗陵祭祀中，马头板（拍板）是重要的礼器。

（二）蒙古鼓（恒格勒格）

蒙古族打击乐器。流行于内蒙古自治区和辽宁、吉林、黑龙江、甘肃、青海等地。

蒙古鼓元代已盛行于宫廷和民间。《元史·礼乐志》载："鼓，以木为框，冒以革，朱漆杂花，面绘复身龙，长杆二。廷中设，则有大木架，又有击挝高座。"清代宫廷卤薄大乐多用至二十四面。

鼓框木制，高15~20厘米，直径40~80厘米，两侧各设一金属小环。两鼓槌上粗下细，鼓击处凸出，尾部向下弯曲。演奏时，将鼓带挂演奏者身上，也可置于鼓架上，可立奏、坐奏或行

《塞宴四事图》局部

清
北京故宫博物院藏

画面中，"什榜"乐队成员十人，头戴宽沿
红缨皮帽，身穿蓝色浅花蒙古族长袍，席地
跪坐演奏。所奏乐器有胡笳、拍板、火不思、
筝、口弦、琵琶、阮、双清、二弦、四胡等。

《大宴图》局部（描摹）

清
蒙古国造型艺术博物馆藏

画中有清代宴会中音乐演奏的场面，乐
器有林比、马头琴、海螺、鼓等。

鄂尔多斯王府乐队在婚礼上演出

吹笛者

摹自内蒙古自治区赤峰市元墓壁画

笛与马头琴合奏

清
原件藏于蒙古国造型艺术博物馆

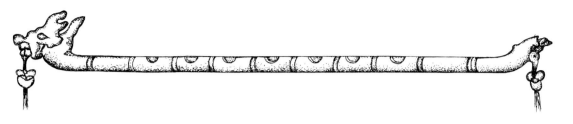

龙笛

清

木

原件藏于沈阳故宫博物院

短笛（林比）

清

木

管长17.5厘米　管径2.4厘米

原件藏于内蒙古博物馆

长笛

清

木

管长65.5厘米　管径2.2厘米

原件藏于内蒙古博物馆

汉代流行的胡笳形制，一种管身与
簧分开（左二），另一种是芦为簧的
胡笳（左一）。

秦汉时期的胡笳

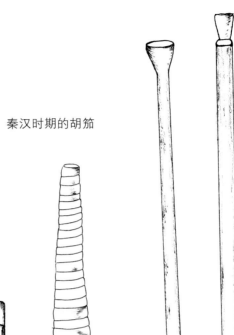
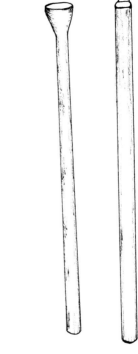

清代宫廷"蒙古笳吹部"使用的胡笳

阿勒泰胡笳

清
木
管长58.5厘米　管径1.8厘米

胡笳下部开有三个圆形按音孔，上端管
口不设口簧。
流行于新疆维吾尔自治区阿勒泰地区汗
达嘎图蒙古族自治乡。

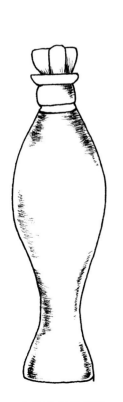
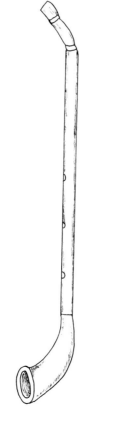

唐代流行的胡笳

胡笳

清
木、竹
管身长89厘米
内蒙古自治区赤峰市喀喇沁旗征集
内蒙古博物馆藏

胡笳

清

竹

长34.2厘米　口宽4.2厘米

内蒙古博物馆藏

管身有七个音孔，上施亮漆。

胡笳

近代
木
管长63厘米　管径2厘米

流行于新疆维吾尔自治区阿勒泰地区

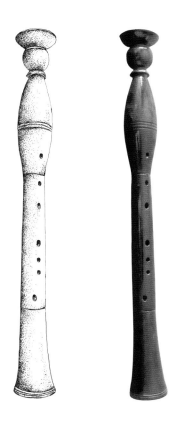

胡笳

近代
木
长56厘米　口宽6.2厘米
内蒙古博物馆藏

内蒙古自治区喀喇沁
王府乐队中的二孔胡笳
（中）

马头琴的古老传说

从前一位牧人精心喂养了一匹小马，在赛马中得了第一名。王爷企图将这匹马占为己有，牧人不依，小马不幸被王爷折磨致死。牧人为了怀念心爱的小马，用马皮蒙马头骨为琴箱，腿骨做琴杆，马尾为琴弦和弓毛，琴杆上端雕一小马头像，制成马头琴。牧人想念小马的时候，便拉马头琴抒怀。

奚胡

著名艺人铁钢演奏奚胡

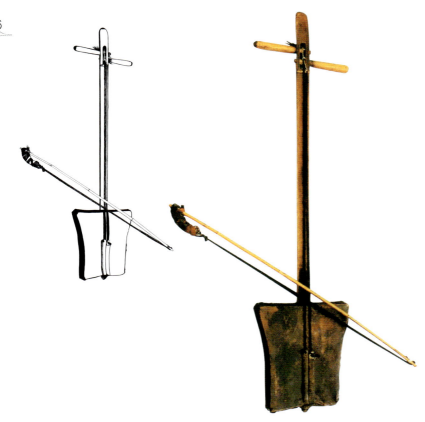

朝尔

清
木
高97厘米　宽25厘米　厚8.5厘米
内蒙古博物馆藏

蒙古国藏清代绘画宴乐场面

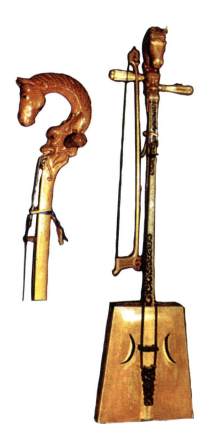

老式马头琴

民国时期蒙古族艺人在演奏马头琴

色拉西（1887～1968），著名马头琴演奏家、音乐教育家。内蒙古哲里木盟科尔沁左翼中旗（旧时称达尔汗旗）人。他是科尔沁草原马头琴流派的杰出代表，他的马头琴演奏质朴苍劲、深沉凝练，具有极强的艺术感染力。

马头琴大师色拉西在演奏

色拉西传授技艺

悠扬的马头琴声在草原回荡

在蒙古包内欢歌

身怀绝技的制琴师

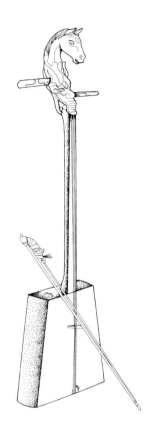

雕龙彩绘马头琴

清
木、羊皮
通长112厘米　琴箱长32厘米　底宽28.5厘米
内蒙古博物馆藏

琴箱呈梯形，羊皮蒙面，马尾为弦。琴杆及音箱背面均施古铜色漆，马头额部点一斑白。琴杆上饰一彩绘雕龙首，定音轴分别为两侧龙耳，琴弓以藤条绷白马尾制成。

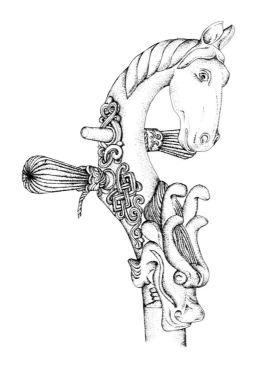

雕饰马头琴

近现代

木、皮

通长112.5厘米　琴箱长29厘米

底宽27厘米

原件藏于内蒙古博物馆

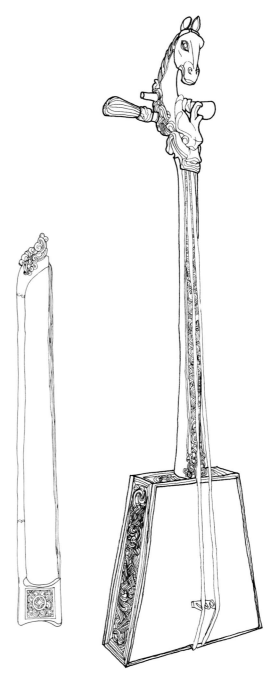

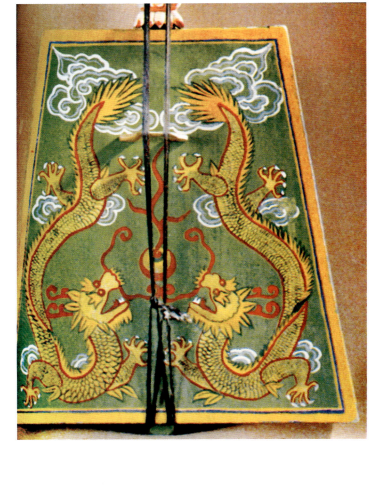

彩绘二龙戏珠纹马头琴

近代

木、皮

通长112 厘米　底宽28.5厘米

内蒙古博物馆藏

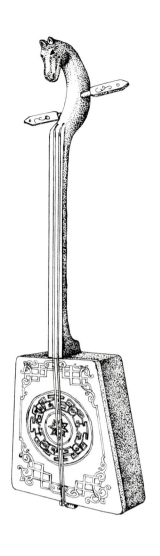

金彩雕饰吉祥纹马头琴

近代

木

通长 102 厘米　底宽 26 厘米

琴箱厚 12 厘米

内蒙古博物馆藏

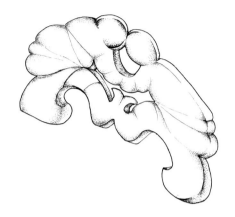

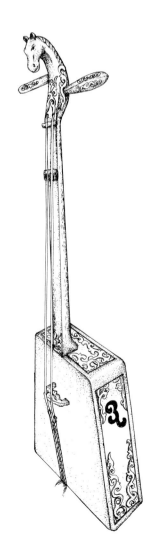

雕饰卷草纹马头琴

近代
木
通长112厘米　底宽32.2厘米
琴箱厚13厘米
原件藏于内蒙古博物馆

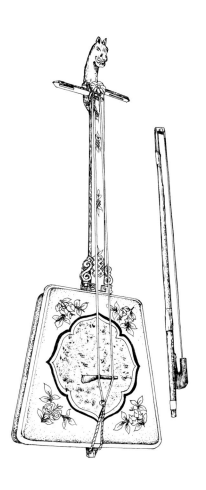

彩绘吉祥纹马头琴

近代
木
通长 85 厘米　底宽 25 厘米
琴箱厚 10.5 厘米
原件藏于内蒙古博物馆

彩绘云纹马头琴

近代
木
通长 113 厘米　底宽 27 厘米
琴箱厚 11 厘米
原件藏于内蒙古博物馆

彩绘马头琴

清末民初
木
通长104厘米　琴箱长27.4厘米
底宽22.8厘米
原件藏于中国艺术研究院

蟒皮马头琴

现代
木、蟒皮
通长90.8厘米
原件藏于中国艺术研究院

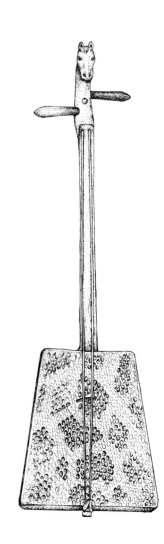

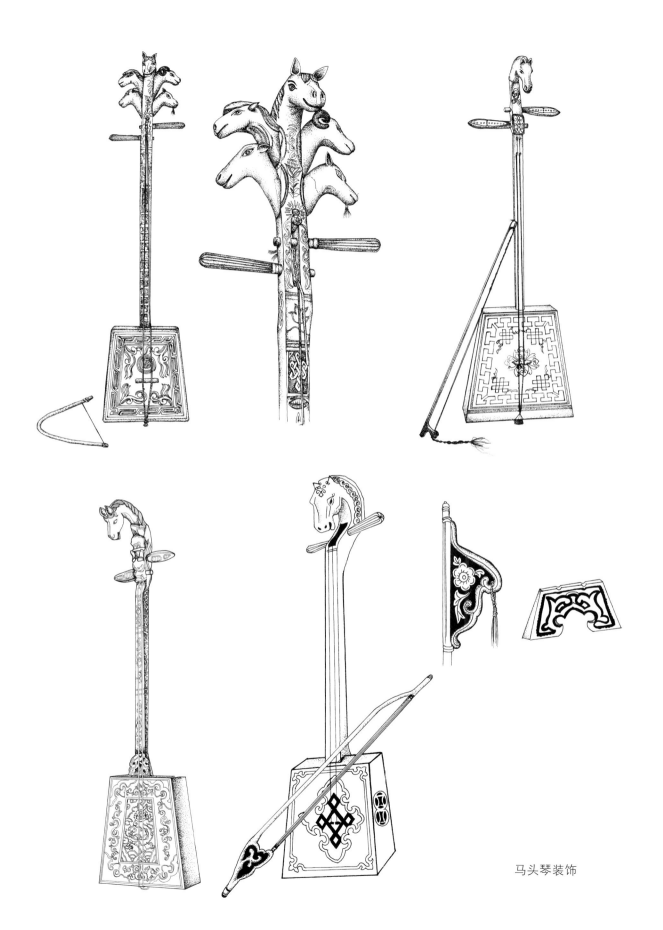

马头琴装饰

蒙古民族游乐文化

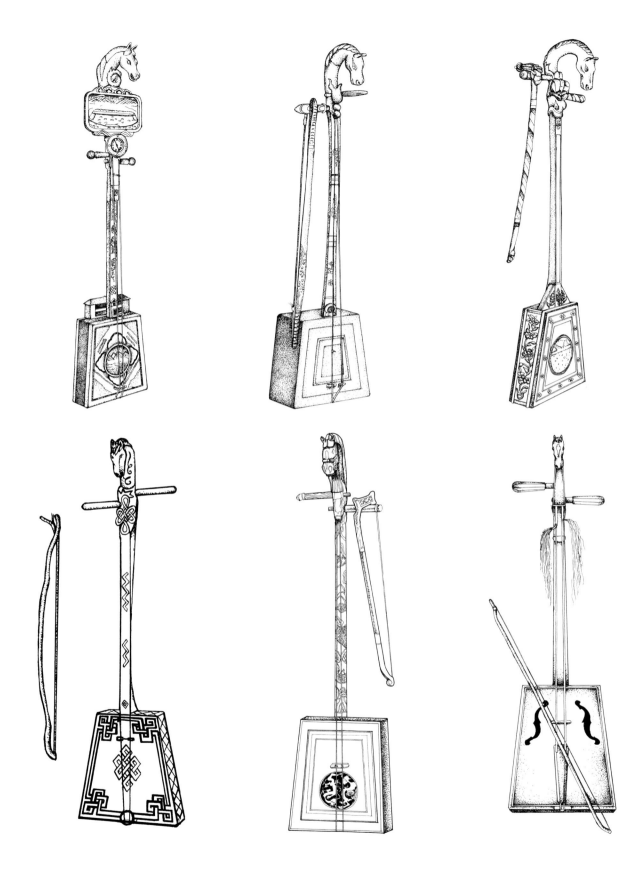

马头琴装饰

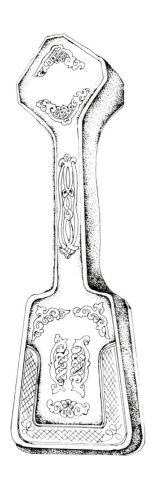

马头琴琴盒

近现代

皮

通长118厘米　最宽30厘米　厚25厘米

原件藏于内蒙古博物馆

著名马头琴演奏家齐·宝力高

蒙古民族游乐文化

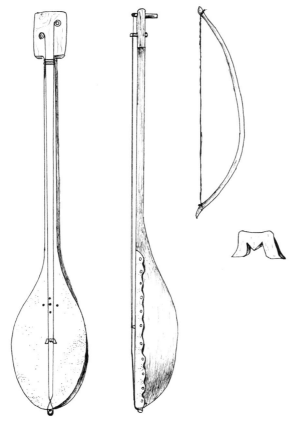

叶克勒正面　　　　叶克勒侧面及琴弓、琴码

叶克勒

近现代
木
通长95厘米　琴箱纵长37厘米
宽17厘米

流行于新疆维吾尔自治区阿勒泰地区

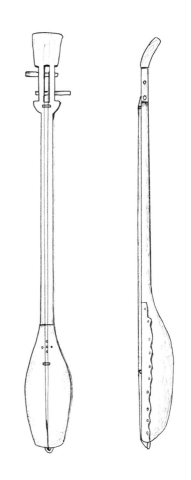

鱼皮叶克勒

近现代
木、鱼皮
通长94厘米　琴箱纵长35厘米
宽13厘米

流行于新疆维吾尔自治区阿勒泰地区

演奏叶克勒的艺人

四胡

蒙古族艺人在拉四胡

蒙古民族游乐文化

蒙古语说书四胡伴奏

自拉自唱

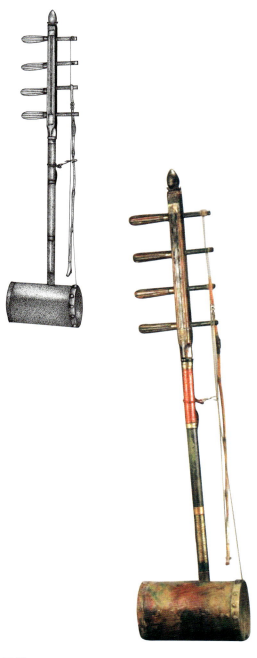

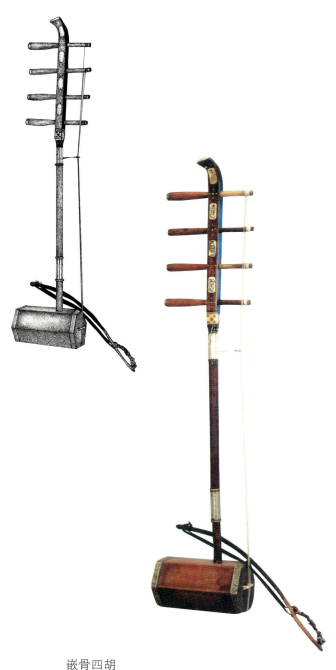

四胡

近代

木、皮

通高 11.2 厘米　琴箱长 23.7 厘米　柱长 19.7 厘米

内蒙古自治区通辽市博物馆藏

木质琴箱、四弦。琴箱外包彩色花纸，涂清漆。一侧蒙皮，一侧中饰红色五角星，中镶小镜。琴首方柱，弓执手部镶珊瑚、松石。

嵌骨四胡

近代

木、骨

通长 94 厘米　琴箱长 18.8 厘米

内蒙古自治区赤峰市阿鲁科尔沁旗博物馆藏

木质琴箱、四弦。琴箱两边各镶一银边，上錾蝙蝠及万字纹。琴柱上端嵌花卉、花篮、葫芦等暗八仙纹骨饰。出音面饰钱纹。该四胡为旺亲普日来王爷府的传世之物。

镶螺钿四胡

近代

木

长115厘米　音筒长20厘米

音筒直径10.7厘米

原件藏于内蒙古博物馆

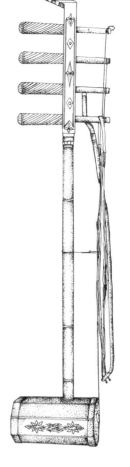

琴筒图案

四胡

近代

木、铜、皮

通长101.5厘米

原件藏于内蒙古大学民族博物馆

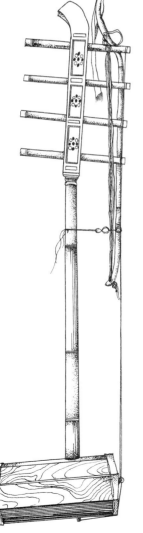

琴筒图案

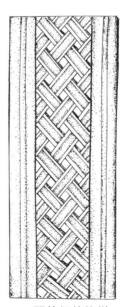

琴筒铜箍纹样

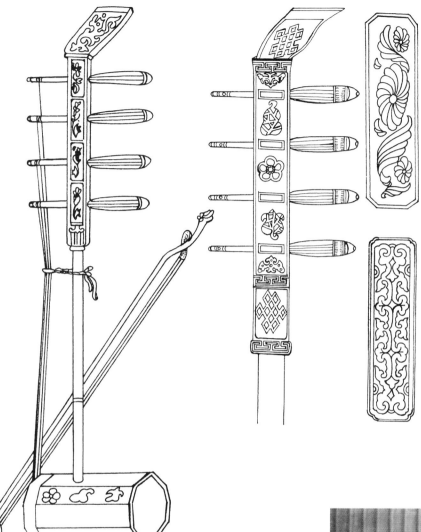

镶螺钿四胡

近代
木、螺钿
通长105厘米
原件藏于内蒙古博物馆

著名好来宝艺人毛依罕演奏四胡

托甫秀尔伴奏

民间艺人在弹唱史诗《江格尔》

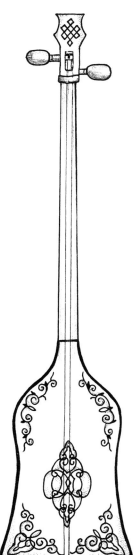

托甫秀尔（二弦）

近现代
木
全长75厘米　琴箱宽22厘米

流行于新疆维吾尔自治区博尔塔拉蒙古族自治州

民间艺人演奏托甫秀尔

蟒皮三弦

近代

皮、木

通长125厘米　琴箱宽20厘米

厚9.4厘米

原件藏于内蒙古博物馆

辽宁省凌源县富家屯元墓壁画宴饮图

蒙古族乐师青格勒演奏三弦

蒙古族婚宴上的三弦演奏

蒙古族宫廷乐队所用琵琶

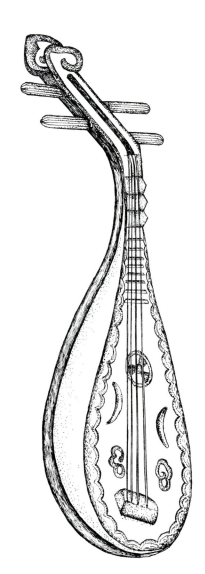

如意头琵琶

清

木

高100厘米　宽32厘米

内蒙古自治区将军衙署博物院藏

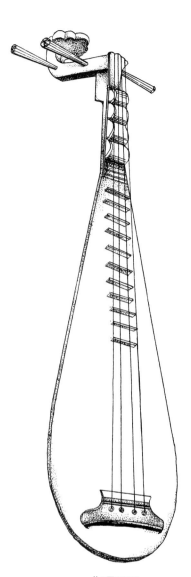

曲颈琵琶

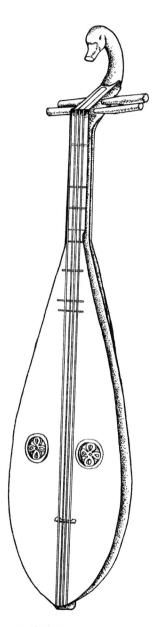

天鹅首琵琶

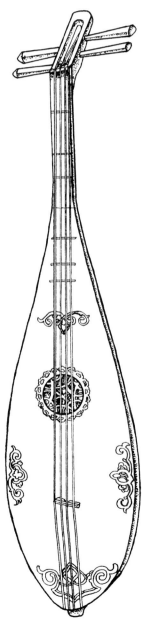

彩绘卷草纹琵琶

蒙古民族游乐文化

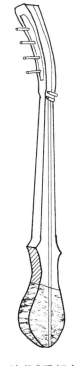

清代"番部合奏
乐"使用的火不思

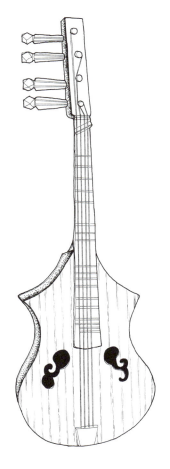

火不思

近代
木
高101厘米　宽24.9厘米
厚7厘米
原件藏于内蒙古博物馆

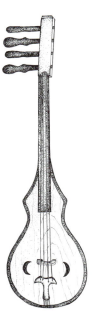

火不思

近代
木
长94.9厘米　宽28.1厘米
厚7.8厘米
内蒙古博物馆藏

弓箭琴首火不思

近代

木

高94.4厘米　宽28.1厘米

厚7.8厘米

内蒙古博物馆藏

蒙古民族游乐文化

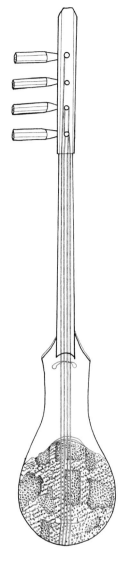

蒙蟒皮火不思

近代
皮、木
高112厘米 宽19.3厘米
原件藏于内蒙古博物馆

火不思纹样

蒙古族乐师青格勒演奏改良火不思

《三娘子礼佛图》局部

内蒙古自治区包头市土默特右旗美
岱召大殿明代壁画中，蒙古筝（雅
托噶）、琵琶和吹奏乐器合奏。

清代苏尼特王府乐
队祭敖包时演奏蒙古筝

苏尼特王府乐队弹奏蒙古筝

蒙古民族游乐文化

雕饰植物纹古筝顶面雕饰

雕饰植物纹古筝侧面雕饰

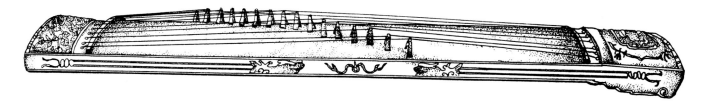

雕饰植物纹蒙古筝

———————————

清

木

长 150.5 厘米　高 6 厘米

原件藏于内蒙古大学民族博物馆

十二弦彩绘莲花纹蒙古筝

———————————

明

木

长 166 厘米

原件藏于蒙古国艺术博物馆

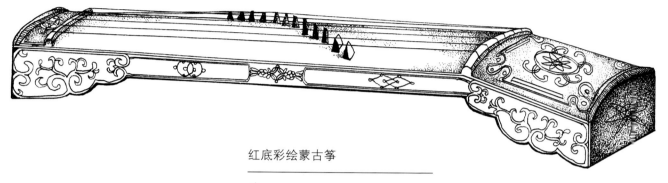

红底彩绘蒙古筝

清
木
通长 139.5 厘米　宽 20.5 厘米
通高 15 厘米
原件藏于内蒙古博物馆

彩绘福寿纹蒙古筝

近代
木
通长 134 厘米　宽 22.5 厘米
通高 12.5 厘米
原件藏于内蒙古博物馆

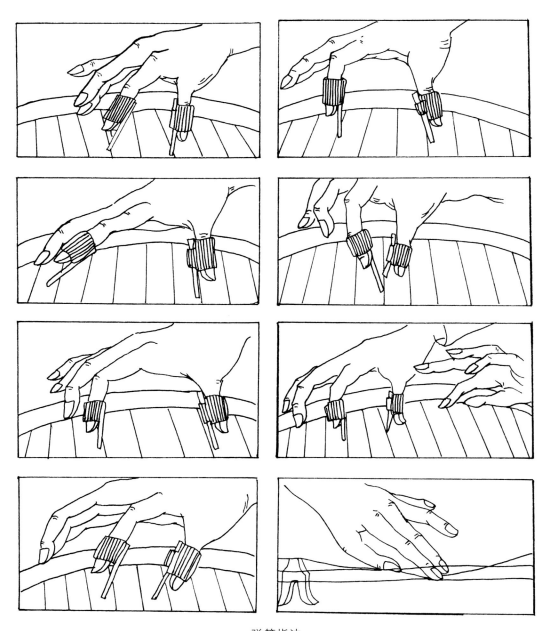

弹筝指法

演奏蒙古筝

民国时期的寺庙乐队

五音云锣

马头板

改良水盏

清代宫廷中的蒙古鼓

蒙古鼓

肆 日常生活游戏

一、嘎拉哈

掷嘎拉哈是蒙古族日常生活中常见的游戏之一。嘎拉哈亦称沙，是用绵羊、山羊、牛、黄羊、盘羊等家畜和野生动物髌骨制成的玩具。在蒙古草原上广为流传，有许多种玩法。

蒙古族以游牧为生，牲畜是他们的主要食物来源。他们珍惜牲畜身上的一切，肉、皮、毛、骨无不利用到极致。他们把嘎拉哈上的筋、肉刮干吃净，再涂上各种颜色，用做玩具。在草原上经常可以看到盛满嘎拉哈的皮、布或毡制的口袋，伴随着牧人迁徙的旅途。拥有大量的嘎拉哈，反映了牧民家庭的富足，也寄托着人们对丰裕生活的期盼。牧民对嘎拉哈的每个面赋予了固定名称，他们在赞词中唱道："牲畜身上，肉最重要；肉里面的，骨最重要；骨里面的，沙最重要；沙的正面，表示骏马；沙的反面，表示健牛；沙的凸面，表示绵羊；沙的凹面，表示山羊；朝上仰的，表示骆驼；朝下卧的，表示骏马。"

由于嘎拉哈来源广泛，携带方便，玩法多样，它已成为那达慕、逢年过节、老人祝寿和亲人聚会时的主要游戏之一。

二、阎王锁、解环、椎骨锁

"阎王锁"又称"地狱锁"，是蒙古族民间游戏之一。"阎王锁"是将九个圆环串在九根木柱上，用铁片宽松地固定在一根铁链上，参与游戏者要用九九八十一个步骤才能把它串起来或拆开。谁先拆开或者串起来便是胜者。"阎王锁"是一种高难度的智力游戏。它的来历有一段有趣的传说。相传，王爷让一个死刑犯人用八十一把钥匙在一刻钟内开启九个锁子，如果在规定时间内成功，便免其死罪。后来这种习俗演变成了"阎王锁"游戏。

解环，蒙古语为"萨仁敖灯"。可多人同时游戏。规则是将套在三角形铁丝框上的圆环尽快地解出来，用时短者取胜。

把一根羊棒骨的两端凿开，将一根细线的两端固定，用两只羊拐串在此线上打交叉线拴在羊棒骨中部细骨间。比赛的时候，一次解开结扣，再一次打反交叉线可以使两只羊拐同时移到一边或两边各有一只。在规定时间内先解扣成功者便获胜。这种羊拐和羊棒骨游戏叫做"椎骨锁"。

三、智慧锁

智慧锁是根据"榫"、"卯"相互契合的原理，一榫一卯，一凸一凹，六根木条吻合而成的益智游戏，汉语称鲁班锁。相传鲁班用六根木条做的玩具考验自己的儿子。从拆开到复原看似简单，却花费了一天一夜的时间。从此，这种玩具流传开来，被人们称之为"鲁班锁"，江浙一带称之为"孔明锁"。智慧锁何时流传到草原已无从考证，但是它在蒙古族游戏中已经占了一席之地。

智慧锁利用卡榫原理，用数根木条彼此相互咬合，结构紧凑严密。通过增加木条数量和改变卡榫形式，能变化出许多种造型。

四、踢毽子

蒙古语称毽子为"特博格"。毽子不仅是一种体育活动，也是儿童学习算术的好帮手。蒙古族的毽子不是用鸡毛来延缓下落速度，而是用皮毛和鬃毛来制作。最初毽子用石块粘上皮毛制作。后来逐渐演变为用铜钱以及马和骆驼的鬃毛制作。一般做毽子用三个铜钱，也有用四五个的。制作时将最小的铜钱放在上面，大的放在下面，将动物鬃毛塞入钱眼，再用适合的木钉插在钱眼中钉紧。最后将鬃毛剪短至约13厘米。有的还给毽子涂上颜色。踢毽子时人数不限。

嘎拉哈的各个面都有固定名称

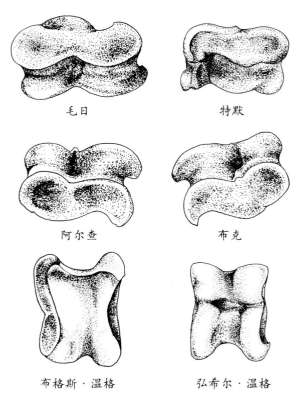

毛日　　　　　　　特默

阿尔查　　　　　　布克

布格斯·温格　　　弘希尔·温格

掷沙英

　　沙英是用羊髌骨磨制的一组四个嘎拉哈。游戏时大家依次序围坐，轮流掷沙英，根据掷出沙英各面上组合的情形判断胜负。

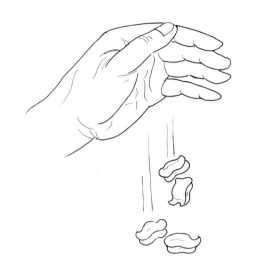

掷沙英

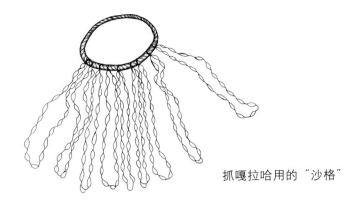

抓嘎拉哈用的〝沙格〞

抓沙格

　　沙格是用银或铜丝制成的环链玩具。游戏时每人出相同数量的嘎拉哈混合在一起，大家轮流单手将沙格抛向空中后，在不触及其他嘎拉哈的条件下迅速抓取规定数量的嘎拉哈，并接住沙格。最后以每人抓到的嘎拉哈数量多少判断胜负。

掷混合嘎拉哈

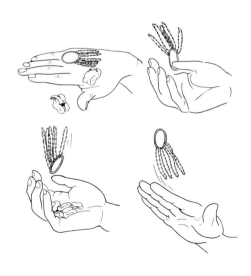

嘎拉哈的掷法

抢嘎拉哈

　　如图所示，单手将沙英掷向空中，迅速将地上的四个嘎拉哈依次抓到手中，再接住沙英，即算成功。或者依次将靴头、膝盖和口中咬住的嘎拉哈抓在手中，再接住沙英。

吃朝包（"朝包"为蒙古语，汉译为"小路"）

将嘎拉哈排成两行，游戏者把沙格单手掷起后，迅速从两排嘎拉哈尾部抓起两个嘎拉哈并接住沙格，其间不可触及其他嘎拉哈或未接住沙格。成功可继续游戏，失败则由另一个人玩。以全部抓完后赢得嘎拉哈数多者为胜。

射宝哈（"宝哈"为蒙古语，汉译为"壮牛"）

如图将五个嘎拉哈叠在一起，在一米以外竖置另一个嘎拉哈，用中指先弹射顶置的嘎拉哈，然后再依次射杀其余四个，成功者可连续弹射，失败则由另一个人玩，以射中多者为胜。

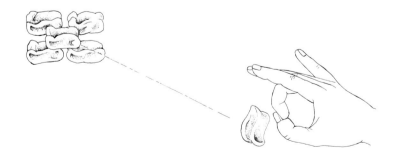

吃青蛙

　　将规定数量的嘎拉哈按下图摆成青蛙状，轮流掷色子，按掷色子的出数赢得青蛙对应部位的嘎拉哈。吃掉所有的嘎拉哈，按每人赢得的嘎拉哈数量确定胜负。

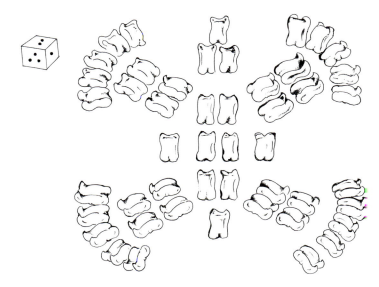

用48个嘎拉哈摆成的青蛙

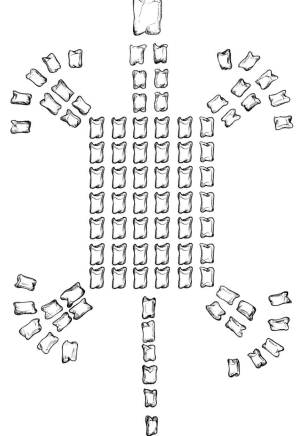

用91个嘎拉哈摆成的青蛙

射嘎拉哈

如图所示，射沙箭筒（蒙古语"好布图勒"）是木制（或黄羊髌骨制）的直角形（或T型）的玩具。将一个嘎拉哈磨平，钻洞灌铅使之加重，作为射沙的子弹。游戏时先在平整处（也可在一块木版上）放一或二个嘎拉哈，在八九尺远处用中指弹射装在箭筒凹槽中的加重子弹。射中者为胜。讲究的要求依次射中指定嘎拉哈的六个面，并要求击出一定距离。复杂的射沙箭筒可以加装弹力装置，以提高射出的距离和冲击力。

蒙古国藏射嘎拉哈箭筒

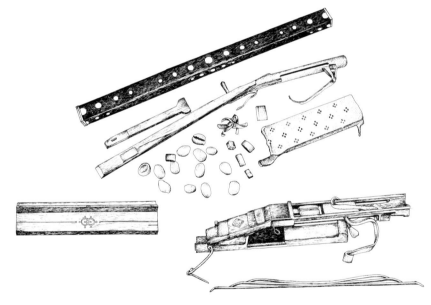

蒙古国藏射嘎拉哈箭筒

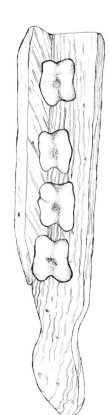

射嘎拉哈箭筒

近代
木
长27.3厘米　宽4.2厘米
高3.2厘米
原件藏于内蒙古博物馆

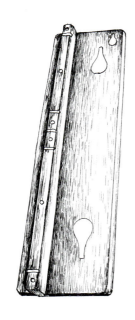

镶骨射嘎拉哈箭筒

近代
檀木
长18厘米　宽4.5厘米
内蒙古博物馆藏

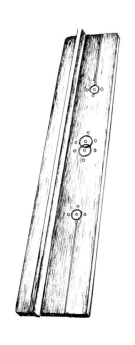

镶骨射嘎拉哈箭筒

近代
檀木
长22厘米　宽4.5厘米
内蒙古博物馆藏

臭嘎拉哈

在一个嘎拉哈上做出暗记（如点色、打印等），将其与其他嘎拉哈混合排列成两行（或多行）。甲方盯住有暗记的嘎拉哈，乙方将嘎拉哈重新混合排序，然后让甲方猜有暗记的嘎拉哈的位置。

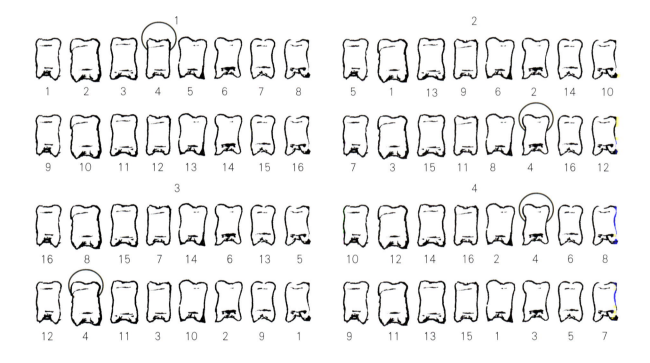

肆·日常生活游戏

赶马

　　所有游戏者围成一圈，每人在自己脚下挖一个直径15厘米的浅坑并手执一木棍守坑。攻击者从自己的坑中将一个嘎拉哈（"马"）赶出，并设法赶进别人的坑，守坑者尽量不让攻击者得逞。

射哈乐加（"哈乐加"为蒙古语，汉译为"蒙古包中的物品"）

在开启的蒙古包门扇上沿摆二个嘎拉哈，在另一个台面上摆一个嘎拉哈，游戏者用类似台球杆的木杆撞击台面上的嘎拉哈，射击门扇上的嘎拉哈。

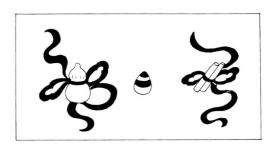

背面图案

嘎拉哈盒

近代

木

长20厘米　宽11.6厘米　高11厘米

原件藏于内蒙古博物馆

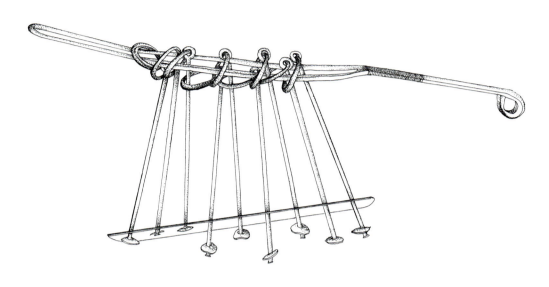

阎王锁

近代

皮、铁

长36厘米 宽15.7厘米

原件藏于内蒙古博物馆

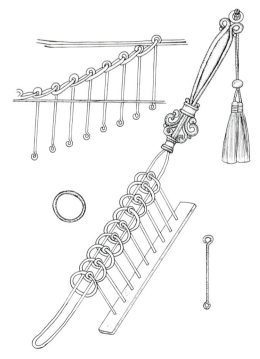

蒙古国藏"阎王锁"

铁环

现代
铁
长25厘米　铁环直径18厘米
原件征集于内蒙古自治区鄂尔多斯市

玩椎骨锁

智慧锁

近代
木
长5.9厘米　宽5.9厘米
原件藏于内蒙古博物馆

智慧锁

近代
木
长8厘米　宽8厘米
原件藏于内蒙古博物馆

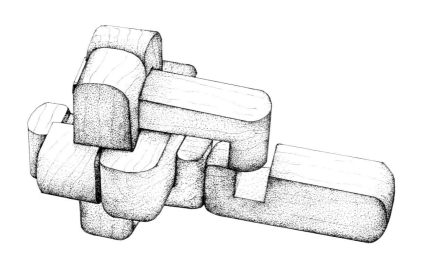

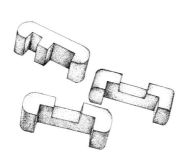

智慧锁

近代
木
长13厘米　宽6厘米　单个长4厘米
宽3厘米
原件藏于内蒙古博物馆

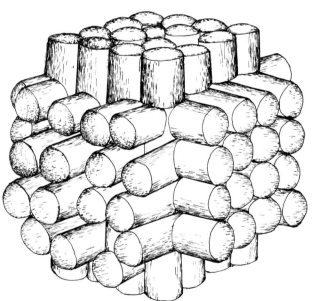

不同形制的智慧锁

通过穿插智慧锁可以构成造型别
致、结构复杂的积木。

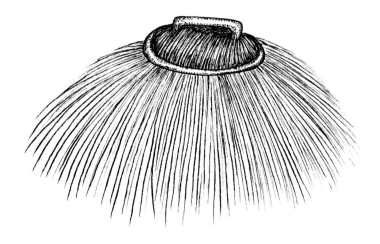

用动物鬃毛制作的特博格（毽子）

结语

蒙古族是北方少数民族游牧文化的传承和集大成者，在数千年游牧文化和北方草原气候、地理条件的大背景下，形成了独具特色的游乐文化。在草原上，节目庆典、大型集会、出征报捷和日常婚丧嫁娶、老人祝寿、生儿育女的时候，形式多样的娱乐活动成为一道亮丽的风景线。各种大气磅礴、雄壮威武的户外竞赛和智慧诙谐、意趣盎然的室内娱乐已成为草原牧人精神生活的重要寄托。对蒙古族娱乐文化的探究，也是草原文化深层研究的重要方面。

一、游牧文化特征

从地理及生态学的角度来说，中国北方草原属于干旱地带，年降雨量多在400毫米以下，植被特征多为干旱或半干旱草原。这里大多数地区不适合农耕生产，近代蒙古高原开荒造成大量土地沙化的恶果已是明证。即使畜牧业生产也要考虑草地的更新速度和平衡问题，当牲畜采食量超过牧草生长量时，草地便会退化，这是游牧生产方式形成和存在的最重要原因。蒙古族牧民根据季节和草原的具体情况划分四季营地放牧，这是他们长期与自然抗争和融合的最大收获。这种生产方式最大限度地保证了草地资源永续利用，是草原上唯一正确的选择。在这种情况下，蒙古族的游乐活动受到游牧生活的限制，娱乐内容也受到游牧生活的影响。主要表现为：

（一）牧业生产特征

蒙古族被誉为马背上的民族，牧业生产主要在马背上完成。他们的许多游乐活动直接来源于与马有关的生产方式。丰富多彩的赛马活动表现了他们对良马的赞赏，也为选拔种马、优化种群提供了依据。类似的赛骆驼、赛牛、套马、驯马，甚至鞍具的组合都已成为现代那达慕的竞赛项目。蒙古人以五畜为生，蒙古象棋也深深地打上了牧业生产的烙印，无论从称谓、造型还是着法均显示出明显的牧业生产特征。如骆驼代替了相（象），骑士、跤手和羊、狗都是兵卒，车也变成了牧人常用的勒勒车。

（二）材料特征

蒙古族传统游乐的器具大多数就地取材。最具代表性的是嘎拉哈，它是草原上最多的肉食来源——羊的髌骨，牧民们用它设计出多种游戏；乐器中的胡茄先以苇叶制作，后以骨、角制作；蒙古乐器的代表马头琴大量采用了动物性材料，并有了马的全身遗物制造马头琴的美丽传说；传统蒙古族弓箭为牛角弓、木制弓、皮筋弦、毡靶或尿泡靶；蒙古族摔跤服和马具材料以皮革为主等。凡此种种。

（三）造型特征

蒙古族原生态棋牌多以牲畜形象为主。如蒙古象棋棋子马、骆驼、牛、羊等形象；诺日布牌中十二生肖的形象。近代出现了类似扑克牌的蒙古牌，牌的画面以牲畜形象为主，是蒙古族游牧生活的反映。

二、狩猎文化和军事文化特征

蒙古族在走出大兴安岭之前，主要从事狩猎生产。进入蒙古高原后，狩猎生产仍然是牧业生产的重要补充。自蒙元以军事立国，实行万户制，即为兵民合一的体制。北元至林丹汗时期，草原上战乱频繁，军事力量仍然是蒙古贵族抵御外部侵略和平定内部叛乱的重要保证。清代在蒙古草原实行的盟旗制度亦是军政合一的制度。蒙古族的游乐活动受到了狩猎文化和军事文化的显著影响。

（一）射箭

蒙古族传统射箭的靶标和骑射方式仍保留狩猎和作战的基本形式。蒙古族长者在介绍"天靶"（吊靶）时称作鹰靶；讲述"地靶"时称作兔靶，就是狩猎活动在射箭中的反映。蒙古族儿童从七八岁起便操弓习射，从此与弓箭相伴终生，死后还要以弓箭为陪葬物。成吉思汗异母胞弟别勒古台说："活着的时候，就让敌人把自己的箭筒夺去，活着还有什么用？生为男子，死也要和自己的箭筒在一起。"成吉思汗陵八白室供奉着当年圣主使用过的圣弓，说明了弓箭对蒙古武士的意义。近代蒙古族"一马三箭"的骑射竞赛方式是蒙古族骑兵训练的定制之一。

（二）鹿棋

在对野生动物深入观察的基础上，蒙古高原的先民发明了以鹿踏狼为核心的鹿棋。其棋盘鹿在山口，狼在平原，鹿到平原吃草就必须踩着狼的身躯通过！事实上，在草原独狼很难与长着花角的成年公鹿抗衡，群狼在围猎鹿群时也须小心提防公鹿大角的致命一击。鹿踏狼是草原上鹿狼相争的真实反映。这一棋种后来演变为羊踩狼（或狗），便失去了原先鹿踩狼的神韵和真实。

（三）摔跤

摔跤虽然已演变为锻炼身体的竞技方式，究其本源，却是人们出猎前模仿人类与野兽的搏斗、祈求猎物丰收的祭祀。时至今日，在大大小小的祭祀活动后仍举行摔跤竞赛。摔跤手出场时的鹰步、狮步、鹿步也保留了狩猎文化的特征，反映了他们对鹰的凌厉、狮的勇猛、鹿的敏捷的向往。摔跤手五彩套裤上的彩绘图腾多为猛兽和龙、凤等图案，既起到了装饰作用，又突出体现了张扬自己和威慑对方的效果。对狩猎文化的追崇更体现在为冠军摔跤手的命名上，如"隼"、"大象"、"雄狮"等，绝无马、牛、羊、骆驼等牲畜类命名。

（四）马术

蒙古传统马术的拾物、斩劈和技巧直接反映了冷兵器时代骑兵训练的内容。马上拾物比传统骑兵的"蹬里藏身"难度更大，更具有实战意义。马刀斩劈是骑兵的主要攻击手段，在奔跑状态下连续攻击不同方向、不同高度的目标是优秀骑兵战士的基本技能，近代马术还出现了马上射击的竞赛形式。马上技巧的跨越障碍和钻火圈真实反映了骑兵作战的情景，奔跑中换马和双人马术等也是骑兵战场的真实写照。

三、传统审美特征

蒙古族在漫长的历史长河中逐渐形成了自己独特的传统审美特征。这些审美特征有些已难以溯源，只能从蒙古族现有的审美习惯中逆向推测。有些可能与蒙古族的发展史、史诗等有关。这些传统审美观潜移默化地影响着蒙古族的生活情趣。

（一）马文化

蒙古五畜，白马为首；蒙古五雄，以马为尊。充分体现了马文化在蒙古族传统文化中的重要位置。在牧业生产、狩猎生产和军事活动中，马是蒙古族出行的伙伴，忠实的朋友，可靠的战友，地位的象征。张承志《读"元朝秘史"随想》中说，骏马集中了一切生物，包括人在内的优点……牧人有朝一日骑上一匹神奇骏马的愿望是多么珍贵。这样的心理积流了多少世纪，也就在这样一个历史中，骏马的形象和对骏马的憧憬，形成了游牧民族特殊的审美意识，骠悍飞驰的骏马成为了牧人心中的美神。因此，赛马不再单纯是一项普通的体育竞技，它体现了牧人的荣誉、财富和希望。在那达慕赛马中，获得最大褒奖的是冠军马，而不是骑手，"九"数的奖品属于冠军马的主人而不是小骑手的家长。草原上各类竞赛的传统最高奖品是骏马，而不是金钱和其他物品。有些地区蒙古象棋竞赛中至今用"马"将死对手的"诺彦"仍判为和棋，恐怕是世界棋类一大奇观。林林总总的草原乐器中马头琴占有不可动摇的至尊地位，这些都是马文化的影响所在。

（二）非竞赛因素

游乐活动多为竞技，总希望分出胜负，才有了现代竞技体育的公平观。蒙古族在历史上形成的许多习惯明显影响着游乐活动的开始和结果，这些习惯强烈表现出非竞赛特征。在诺日布牌竞赛时，要由年长者和客人先摸牌，把先行之利让给他们，而不是通过某种形式来确定由谁先摸，从纯竞技的角度看显然有失公允。赛马比赛对最后一匹马给以特殊奖励，并认为它得到了前面所有马匹的福分，也要对它献上赞词和祝福。而不像一般的竞赛对最后的选手只是给以安慰，加以鼓励。德高望重的达尔罕摔跤手在退役前的表演必定摔成"平跤"或以相持不下结束，以示对他们的敬重。在摔跤竞赛中，一跤定胜负；所有跤手不分级别；在竞赛过程中允许停下来为对手整理颈结等看似不合理的规则和礼仪等，已不能简单用竞技规则来诠释。蒙古族传统游乐活动中非竞技因素的影响还表现在许多与竞赛无关的"规矩"上。如大型竞赛前类似祭祀的仪式，过度装饰（不利于比赛）和超过功能范围尺度的竞赛服装如摔跤裤、彩裙等，传统奖品多为生活用品而非奖杯、奖牌等象征物或金钱。蒙古族传统游乐活动存在明显的非竞技因素特征，很难用于赌博，近代草原也少有赌博现象。

（三）传统图腾组

蒙古族传统游乐活动中的赞词和夺得锦标者的荣誉称号表达了强烈的传统图腾组观念。如摔跤竞赛中，64 名摔跤手的冠军称为"隼"，256 名摔跤手的冠军称为"象"，1024 名摔跤手的冠军称为"雄狮"。赛马时的名次牌也不是简单的一、二、三等名次，分别冠以龙纹、狮纹、鹰纹。正式那达慕中竞赛的各种赞词也有相对固定的比、兴组合。一个普通的嘎拉哈，分出了蒙古五畜，一副蒙古象棋道出了蒙古人的"一家"（王、后、骆驼、马、羊、车、卒），这些无不向我们传递着蒙古族的传统图腾信息。这些传统图腾组很难用传统游牧文化简单解释，应是在蒙古族漫长的历史长河中逐渐形成、巩固和发展起来的审美表现。

四、宗教信仰特征

蒙古族原生态宗教为萨满教，许多传统游乐项目本身就起源于萨满教祭祀。藏传佛教传入草原以后，经历了与萨满教斗争和融入草原文化的过程，对近代蒙古族的精神世界产生了巨大影响。近现代蒙古族传统游乐活动与藏传佛教密切相关，游乐活动中也包含了丰富的宗教内容。

（一）宗教图案和色彩

摔跤手的服装是摔跤竞赛的重要组成部分，如龙、凤、狮、虎等萨满教的吉祥图案和蒙古族图案是摔跤手套裤上最靓的装饰。摔跤手腰间的彩裙沿袭了藏传佛教经幢的蓝、红、绿色系，五彩颈结的出现也是藏传佛教传入草原之后的事情。小骑手朝云冠上的镜子与萨满教的铜镜似有相通之处。鞍具、弓袋和箭囊上都可以找到萨满教和藏传佛教的图案，使用这些图案的目的在于祈求各种宗教的神灵保佑选手取得胜利和避免伤害，反映了宗教信仰对蒙古族游乐活动的深刻影响。蒙古族棋牌中的宗教图案屡见不鲜，帕尔杰棋牌中有了万字格，棋子走进去就会受到佛爷保护，不会被吃掉，这是藏传佛教影响的真实写照。诺日布牌以佛爷、法轮、狮子作为王牌，寓意佛家三宝佛、法、僧，即佛宝至高无上，故居于十二属相之上。

（二）游艺仪式

蒙古族传统游乐活动大都有严格的仪式。如摔跤手跳跃登场后，按太阳东升西落转动方向（即顺时针方向）顺序进场、退场；赛马前所有马匹由南门进场，按太阳转动方向绕场三周后上起跑线；赛骆驼结束后要绕火堆环形平喘后退场等。据考证，那达慕的起源可能是萨满教祭祀，在那达慕上出现萨满教仪式就是顺理成章的事。摔跤手入场双手张开上扬，双脚叉开，振臂跳跃，同阴山岩画上的萨满舞蹈动作极为相像。藏传佛教传入草原后，逐渐影响到蒙古族传统的游乐仪式。在那达慕上逐渐出现了喇嘛为摔跤手赐福、为得胜名驹祝颂等仪式。大型喇嘛庙有自己的摔跤手，并在那达慕上代表本庙参加比赛，大喇嘛也经常成为那达慕的贵客。新制成的马头琴经常请喇嘛致词祝颂；新弓在使用前也要请喇嘛唪经祝颂，才能保证百发百中。这些仪式既体现了宗教的影响，也寄托了牧民对幸福生活和胜利的祈盼。

（三）赞词

在祝颂赞词时，一些长者祝颂继承了萨满教的祝颂风格和内容。近代还有请喇嘛祝颂和致赞词的习俗。赞词的内容含有大量的宗教内容，这些内容也为草原牧民喜闻乐见。

五、多元文化特征

蒙古民族及其先祖在数千年间经历了东起大兴安岭，西至地中海，北望大漠，南达印度、阿拉伯的数次大迁徙，与欧亚各民族进行了史无前例的广泛交融，为世界文化的传播和交流作出了卓越贡献。蒙古民族在向世界各地传播先进科技文化的同时，也广泛吸收了各民族的优秀文化营养，形成了独具特色的灿烂文化，其主要特征即是多元文化的合理交融。

（一）蒙古族内部的多元文化融合

大量的蒙古族民间传说和史料证明：早期蒙古人是在额尔古纳昆山（现大兴安岭）中聚集。公元9世纪左右，蒙古人的祖先走出山林，来到了蒙古高原。经过四百余年的不断迁徙，逐渐成为蒙古高原上的重要势力。成吉思汗带领乞颜部及其追随者，统一了克烈、乃蛮、塔塔儿、篾儿乞诸部，在公元1206年春登上了统治蒙古草原的汗位。当时在他的属民中，包含着信仰景教（基督教的一个分支）的克烈部族人和受回纥人影响的乃蛮部族人。其血统包括了蒙古、突厥和通古斯人的后代。其地域包括了大兴安岭狩猎部落、草原游牧部落和靠近长城的半农半牧部落。自成吉思汗统一蒙古时，就开始了多元文化的第一次融合，其突出标志就是回纥籍学者塔塔统阿用回纥字体（古畏吾尔文）创造了古蒙古文，使蒙古族有了自己的文字，告别了口传心授的原始记录及传承时代。蒙古族内部的多元文化融合使其打上了游牧文化和狩猎文化并重的烙印。也是在山林中诞生的萨满教至今影响蒙古草原游乐活动的本源之一。

（二）蒙古族文化与世界文明的交流

统一后的蒙古族迸发出极强的生命活力，从成吉思汗起历代蒙古大汗连续进行了百余年的征战，逐步建立起横跨欧亚大陆的帝国。蒙古族在征服世界的同时，始终实行对不同宗教的宽容政策。从成吉思汗接见长春真人丘处机，到忽必烈任命八思巴为国师，从术赤后裔信奉东正教，到旭烈兀后裔皈依伊斯兰教，蒙古族始终处于与周边各少数民族文化高度交流和融合的状态。包括现在的中国、蒙古、俄罗斯、中亚各国、印度和阿拉伯国家的广阔土地统一在一个大帝国时，中国、中东和欧洲有了真正的广泛交流和接触，为世界贸易提供了畅通、安全的陆上和海上通道，为世界三大宗教提供了交流发展的空间，也为文化交流提供了前所未有的条件。这种长期、深入、频繁的文化交流对蒙古族游乐活动产生了深刻的影响。有一种观点认为，起源于印度的古代象棋是当代国际象棋和蒙古象棋的源头。虽然不能确定这三种棋的确切传承关系，但蒙古象棋与印度古代象棋、现代国际象棋在棋盘和弈法上高度相似都是不争的事实。蒙古象棋中的棋子式样和个别规则（如马不能将死）显然是草原牧民的创举，由此推论，就不难解释一些难以确定的现象。

如蒙古族传统乐器四胡与中原乐器的代表二胡，均由中亚游牧民族的奚胡演变而来；摔跤赛制规则和服装因不同地区有所区别，如新疆卫拉特蒙古摔跤只有双肩或腰部落地，并被压住起不来才算输，与中亚地区少数民族的摔跤规则和现代国际式摔跤类似。

（三）蒙古族文化与中原文化的融合

忽必烈既是蒙古大汗的继承人，又是延续中原十余个朝代统治的皇帝，他将都城由草原移到了大都（北京）。他在继承中原文官制度的同时，促进了蒙古族与中原文化的首次大融合。明朝以后，蒙古贵族退居漠北，实际丧失了对俄罗斯、阿拉伯和中亚的控制，但与中原的交流始终没有停止。与早期控制蒙古草原的匈奴一样，北元蒙古和明朝在长城沿线始终处于非战即和的状态。满清统治者采用和亲政策联合蒙古贵族入主中原，推动了蒙古族与中原文化的又一次大融合。近代蒙古草原放垦后带来的汉族移民（闯关东与走西口），又为这次融合抹上了重重的一笔。在半农半牧区，蒙古文和蒙古语已不再是唯一的流通语言和文字。游乐活动的形式和内容也明显改变。首先，举行游乐活动的日期——节日发生了变化。春节、清明甚至中秋节也在草原上逐渐流行。汉族在参与蒙古族传统游乐活动的同时，也将中原的传统游乐活动带进了草原。中原的麻将、牌九等进入蒙古贵族家庭。蒙古族传统游乐活动开始有了汉译解释，中原象棋盘也有了蒙古语解释，并互相影响。这在大六牌（蒙古族牌九）中表现得非常典型。漫瀚调（蒙汉调、蛮汉调）的出现是草原、中原文化融合的奇葩，它吸收了山西民歌、陕北信天游和蒙古族民歌的营养，形成了全新的演唱风格和形式。它的伴奏也吸纳了不同的乐器。

综上所述，蒙古族的游乐文化是在特定的环境背景下，在漫长的历史长河中，在不同民族的文化交互影响下逐渐形成的。深入研究蒙古族的游乐文化，对于揭示蒙古族的精神世界和继承、保护草原文化遗产具有不可代替的作用，对于草原旅游的开发也具有积极意义。

参考文献

1. 高雪峰：《蓝色故乡——乌珠穆沁草原》，内蒙古人民出版社，2006年。

2. 宝斯尔：《草原胜地鄂尔多斯》，内蒙古人民出版社，1991年。

3. 满都拉：《东乌珠穆沁旗》，内蒙古新闻文化发展公司，1996年。

4. 《内蒙古风情》，华艺出版社。

5. 《内蒙古画报》，内蒙古画报社，1998年2月。

6. 《内蒙古画报》，内蒙古画报社，2005年2月。

7. 额博：《阿吉乃800——阿音纪实摄影集》，内蒙古人民出版社，2006年。

8. 内蒙古图案书。

9. 内蒙古自治区民族事务委员会编：《蒙古民族服饰》，内蒙古科学技术出版社。

10. 乌云其木格：《那达慕》，内蒙古人民出版社，1991年。

11. 杨慎和：《美丽的草原 可爱的祖国 多彩的世界》，远方出版社，2005年。

12. 蒙古自治区文化厅：《乌兰牧骑》，内蒙古人民出版社，1984年。

13. 米.苏乙拉、巴雅斯胡楞，《博克之鸣》，内蒙古人民出版社，2005年。

14. 呼和浩特市政协文史和学习委员会：《青城老照片》，远方出版社，2002年。

15. 内蒙古体委：《博克》，人民体育出版社，1993年。

16. 内蒙古画报社：《内蒙古》，内蒙古人民出版社，1987年。

17. 《博克2048——阿音纪实摄影集》。

18. 内蒙古民族事务委员会编：《蒙古民族服饰》内蒙古科技出版社。

19. 蒙古族民俗百科全书编委会：《蒙古族民俗百科全书》精神卷，内蒙古科学技术出版社，1997年。

20. 鄂尔多斯蒙古族民俗文化书册编委会：《鄂尔多斯蒙古族民俗文化》中国民族摄影艺术出版社，1991年。

21. 鄂尔多斯文化丛书编委会：《蒙古族传统游戏》（上、下）民族出版社，2002年。

22. 乐声：《中华乐器大典》民族出版社，2002年。

23. 中央民族学院少数民族文学艺术研究所编：《中国少数民族乐器志》新世界出版社，1986年。

24. 乌兰杰：《蒙古族音乐史》内蒙古人民出版社，1999年。

25. 《内蒙古剪影》，内蒙古画报社，1962年。

26. 白音那编绘：《蒙古族图案》，朝花美术出版社。

27. 阿木尔巴图：《蒙古族图案》，内蒙古大学出版社，2005年。

28．蒙古族传统文化图鉴编委会：《蒙古族传统文化图鉴》，内蒙古人民出版社，2002 年。

29．博彦和什克：《博彦和什克蒙古族民间图案集》，内蒙古文化出版社，1998 年。

30．苏德毕力格编：《蒙古族儿童传统游戏》，1988 年。

31．宝胡格吉勒图：《蒙元文化》，远方出版社，2003 年。

32．欧军：《蒙古族文化解读》，远方出版社，2003 年。

33．邢莉：《游牧文化》，北京燕山出版社，1995 年。

34．王纪言、鄂博：《美丽的内蒙古》，中国画报出版社，2007 年。

35．阿木尔巴图：《蒙古族工艺美术》，内蒙古大学出版社，2007 年。

36．杨勇、苏力德：《成吉思汗与蒙古族》，内蒙古人民出版社，2007 年。

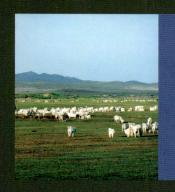

后记

《蒙古民族文物图典》，历经三年，即将付梓，感慨良多。这套书，是在经过近两年的研究思考，于2004年末决定组织撰写编辑的。组织此书，缘于以下考虑：中国北方草原地带的游牧民族，自古以来包括匈奴、东胡、鲜卑、突厥、契丹、党项、女真、蒙古等民族，对中国历史的发展以至中华民族的形成和发展的贡献是极其巨大的。不仅如此，对世界历史的发展，也产生过重要影响，特别是匈奴和蒙古族。可以说，世界上没有哪一个地方的游牧民族，如中国北方草原上的游牧民族那样，对世界历史的影响如此之大。这些古代民族在草原的自然环境条件下，创造了世界上独特的游牧文化。而蒙古民族是这些古代草原民族创造的游牧文化的集大成者。随着现代工业的发展，科学技术的进步，世界经济一体化的进程加快，草原游牧经济也在发生剧烈变革，传统的游牧文化在现实生活中也迅速演变以至于消失。保护这一具有世界影响的草原游牧文化，使这一人类宝贵的文化遗产得到传承，成为保持世界文化多样性的一朵奇葩，继续发挥其民族精神纽带的功能，是文物工作者，也是社会各界的责任。我从进入内蒙古文物事业行政管理行道不久，就意识到这是个需要认真考虑和对待的问题。

根据当前社会进步趋势，再想大面积保留完整传统游牧生产生活方式是不可能的，也是不明智的。而保护传统游牧文化的方式，一是搞草原文化保护区，划一块地方，组织一些牧民，按照传统方式进行生产和生活。二是收藏其文化和物质载体，即文物，并长久保存和展示。三是用图书音像等媒介予以记录。根据文物保护工作的特点，借鉴考古工作记录文化信息的方式，还是决定选择图书为媒介，作为记录也是保护和传承蒙古文化的一种方式。其具体确定为图典式的形式。"图典"即有图。这个"图"有彩色图片，也有墨线绘图。尤其是墨线绘图，把文物用简约的线条提炼出来，使其整体和关键部位一目了然。"典"则是有典型、典范、标准器的意思，即选择的典型的代表性的文物。总的指导思想是，这一图典，有类似蒙古族文物"字典"、"辞典"的功能。即使将来没有了实物，人们也可以通过

此书的图，重新制作恢复消失的文物。这也算此套图典的一个值得称道的亮点吧。

根据蒙古民族传统文化的特点，将这套图典按六个方面，即鞍马、服饰、毡庐、饮食、游乐、宗教进行分类。有些类别间内容有些交叉，如鞍马文化中赛马的内容，在游乐文化中赛马也是不可缺少的，在编辑过程中根据侧重点不同，适当作了些调整。但要实现内容的科学归类，确也不是

件容易事。所以，有些内容分布可能还有不尽合理之处。

此书看似"照物绘图"，实则是一次创造性的劳动。因为在此之前，虽然在国内外有一两种用线或照片反映蒙古民族传统文化的图书，但仍属零打碎敲，尚未见到比较系统的出版物。而这次是系统的收集整理和绘制蒙古族文物，并且每一个类别要有一篇完整的论述文章，以"图典"形式出版，这在世界上

可能还是第一次。因此，遇到很多困难，最主要的是选择进入图典的文物，是否为"典"，各式各样的"典"。同一功能的器物，在不同的部落，其造型、材料可能有很大不同，均要选入。而有的器物，是某一地区代表性器物，特点突出，应当入选，但却找不到实物，或找起来相当费周折，给此书的编写工作带来相当大的困难。有的则只能成为缺憾。如果说此书有何不足，

我认为主要是有些器物如我国新疆地区的、蒙古国和俄罗斯的一些有地方特点的应纳入蒙古民族文物范畴的工具因种种原因未能收入。虽然从蒙古民族整体上说，进入图典的文物比较系统和完整，但空间分布上看应是一个遗憾。只能待今后进行修订时再补充完善。

此书在编创过程中，得到诸多领导和朋友们的支持。内蒙古自治区党委常委、宣传部长乌兰，在任内蒙古自治区副主席时，对此研究出版项目予以充分肯定和支持，并为此书作序。内蒙古自治区副主席罗啸天也积极支持了这套书的出版。内蒙古自治区文化厅厅长高延青也对项目的确立给予帮助。内蒙古博物馆的孔群、张彤、贾一凡三位同志在组织稿件和图片方面作了许多具体细致的工作。内蒙古画报社的额博先生也热情地为本书提供了照片。特别是内蒙古农业大学的硕士研究生陈丽琴，组织她的同学为本书绘制墨线图。全套书一千余幅墨线图，基本都是她亲手安排完成的。当2007年夏天她已毕业回到鄂尔多斯工作后，得知《蒙古民族鞍马文化》还有部分线图工作需要她，她又毅然请假，按照需要完成了工作。国家文物局单霁翔局长、张柏副局长、叶春同志都很关心这套书的编辑出版工作。这种为保护民族文化遗产的贡献精神很让我感动。

文物出版社张全国书记、苏士澍社长、张自成副社长和第四图书编辑部全体编辑为此书出版作了诸多努力，还有许多朋友帮助和支持了此书的出版，在这里一并表示由衷的谢意。

2007 年 10 月 8 日